어린이를 위한
잠재력

내 안에  숨 어 있 는 힘

어린이를 위한
잠재력

글 홍은경 그림 박지혜

위즈덤하우스

추 천 의 글

내 안에 숨겨져 있는
보물을 찾아보세요!

저는 배우입니다. 연극도 하고 영화도 찍지요. 강직한 선생님 역할도 하고, 평생 매 맞고 살아온 불쌍한 엄마 역할도 하고, 어느 순간엔 아주 똑똑하고 현명한 과학자 역할을 하기도 합니다.

배우를 하다 보면 가장 많이 받는 질문 중 하나가 어릴 때부터 '끼'가 많았느냐는 것입니다. 하지만 지금 배우 활동을 하고 있는 사람들 중에는 아니라고 대답하는 사람이 많습니다. 심지어 너무나 내성적이고 소극적이었다고 답하기도 합니다.

저 또한 마찬가지였습니다. 이 책 속에 나오는 재영이나 담임 선생님처럼 다른 사람 눈에 띄는 게 싫어 구석에 앉아 있기를 좋아했으니까요. 저의 어린 시절을 아는 사람들은 지금의 제 모습을 아직도 신기해합니다.

그런데 어떻게 해서 지금처럼 변할 수 있었느냐고요?

놀랍게도 제가 대답해야 할 말들이 이 책 속에 모두 담겨 있더군요.

이 세상 모든 사람들에겐 저마다 숨겨진 8개의 보물이 있다고 합니다. 어떤 사람들은 그 보물을 잘 찾아내어 갈고 닦아 빛을 발하게도 하지만 대부분의 사람들은 그런 보물이 숨겨져 있다는 것조차 모른 채 살아갑니다.

　여러분 속에 여러 개의 보물이 있는데 그대로 묻혀 있게 버려둔다면 아깝지 않나요?

　그렇다면 보물을 찾기 위해 어떻게 해야 하느냐고요?

　이 책에 나오는 재영이 담임 선생님은 '난 못해' 장례식부터 치르라고 말하지요. 이 내용을 읽다가 저도 모르게 박수를 치고 말았습니다. 너무 멋지고 현명한 방법이니까요.

　지금 당장 시작해 보세요. 여러분의 미래가 달라질 거예요.

　아, 잠깐! 그렇다고 보물을 찾기 위해 너무 서두르지는 마세요. 그렇게 쉽게 이루어진다면 보물을 찾는 재미가 없잖아요. 보물찾기를 할 때는 인내를 친구 삼아 해 보는 것도 좋을 거예요.

　저는 요즘도 보물찾기를 한답니다. 그 보물찾기를 통해 20년 전에 찾다가 그만둔 글쓰기 보물을 얼마 전 다시 찾아냈지요. 녹이 잔뜩 쓴 보물을 갈고 닦느라 좀 힘들긴 하지만 멋진 보석으로 만들어 볼 생각입니다. 배우라는 보물에, 동화 작가라는 보물을 더 찾아냈지만 전 여기서 멈추지 않을 생각입니다. 아직도 내 안에 전혀 생각지도 못한 보물이 숨겨져 있을지도 모르니까요.

연극배우 겸 영화배우 길해연

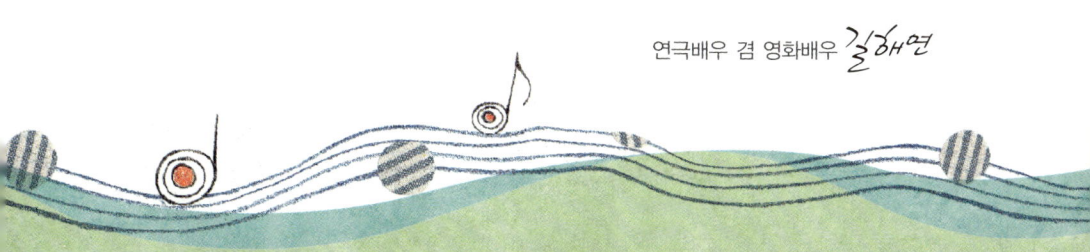

차례

추천의 글
내 안에 숨겨져 있는 보물을 찾아보세요 | 4

part 1
누구에게나 보석은 있다
'난 못해' 장례식 | 10
공룡 알 | 23
아기가 된 할머니 | 36
극한의 다림질 | 45

part 2
숨은 재능을 찾다
넌 할 수 있어 | 62
재영이의 고민 | 75
나도 잘하는 게 있다고 | 93

part 3
도전은 즐겁다
- 재영이의 욕심 | 104
- 위대한 유산 | 118
- 성공이 그렇게 쉬울 리가 없어 | 130

part 4
꿈을 향해 날갯짓을 하다
- 선생님을 구한 삼총사 | 138
- 후손에게 부치는 편지 | 152
- 명예 기자가 된 재영이 | 164
- '난 잘해' 상 | 176

작가의 글
나의 잠재력과 가장 친한 친구가 되세요 | 190

part 1 누구에게나 보석은 있다

공부를 아주 못하는 열한 살짜리 남자아이가 있었다. 이 아이는 수업 시간에 졸랑대고, 장난을 많이 쳐서 반 분위기를 망쳐 놓기 일쑤였다. 선생님이 몇 번을 불러다 타일렀지만 아이는 들은 척도 하지 않았다. 할 수 없이 선생님은 아이를 퇴학시키기로 결정했다. 그러자 아이의 부모가 깜짝 놀라 선생님에게 항의했다.

"세상에 초등학생을 퇴학시키는 법이 어디 있습니까?"

"아이에게 몇 번을 타일렀지만 전혀 고쳐지지 않았어요. 오히려 더 심해졌지요. 죄송합니다. 이 아이를 그대로 학교에 다니게 한다면 다른 아이들의 공부에 너무 방해가 돼요."

이 말썽꾸러기 낙제생은 몇십 년 후에 노벨 물리학상을 수상했다. 그가 바로 알버트 아인슈타인이다.

내 안에 숨어 있는 힘_잠재력

'난 못해' 장례식

"바쁘신 가운데 '난 못해' 님의 장례식에 와 주신 여러분에게
진심으로 감사의 말씀을 드립니다."

교실 문이 열리고 선생님이 들어왔다. 기대와 설렘으로 가득 찬 아이들은 일제히 선생님을 쳐다보았다. 또랑또랑한 아이들의 눈길이 닿자 선생님도 살짝 긴장하는 것 같았다.

"얘들아, 안녕."

오른손을 작게 흔들며 인사하는 모습이 마치 소년 같았다. 아이들은 선생님의 첫 인상이 나쁘지 않다고 생각했다.

선생님이 찬찬히 교실 전체를 둘러보며 아이들 하나하나와 눈인사를 나눴다. 가볍게 고개

를 끄덕여 주는 몸짓이 아이들의 긴장감을 조금 풀어 주었다.

선생님은 칠판에 커다랗게 글씨를 썼다.

정연안.

"내 이름이다. 앞으로 일 년 동안 사이좋게 잘 지내보자꾸나."

선생님은 너털웃음을 터뜨렸다. 화통한 웃음소리가 긴장감을 깨고 교실을 유쾌하게 날아다녔다. 아이들이 선생님을 따라 웃었다.

"내가 말이야, 어젯밤에 가슴이 설레서 잠을 잘 못 잤거든. 꼭 애인 만나러 갈 때처럼, 하하하. 너희를 만나려고 내 가슴이 그렇게 뛰었단다. 정말 보고 싶었다."

선생님은 환한 표정으로 아이들을 바라보았다.

"자, 그럼 우리 한 사람씩 나와서 자기소개를 해 볼까?"

선생님의 말씀이 떨어지자마자 기다렸다는 듯이 한 아이가 앞으로 튀어나왔다.

"안녕? 내 이름은 손창희야. 만나서 반가워. 너희들 우리나라 최초의 랩이 뭔지 아니? 아아."

창희는 느닷없이 목을 가다듬더니 이상한 노래를 흥얼거리기 시작했다.

"푸빠라 빠빠 푸빠빠. 산에 가야 범을 잡고 강에 가야 고길 잡지. 인천 앞바다에 사이다가 떠도 고뿌가 없으면 못 마셔."

가사도 우스꽝스럽고 몸짓도 요상해서 아이들은 손뼉을 치고 책상을 두드리며 웃어 댔다.

"푸빠라 빠빠 푸빠빠. 피가 되고 살이 되는 찌개백반!"

창희가 두 팔을 활짝 벌리고 서서 아이들을 바라보았다.

"이게 바로 우리나라 최초의 랩이야. 우리 할아버지가 가르쳐 주셨지. 푸빠라 빠빠 푸빠빠. 배우고 싶으면 와. 얼마든지 가르쳐 줄게. 푸빠라 빠빠 푸빠빠. 앞으로 잘 지내자."

창희는 래퍼처럼 온몸을 흔들며 자리로 돌아가 앉았다. 아이들은 환호성을 지르며 박수를 보냈다. 담임 선생님도 입 안이 다 보이게 웃고 있었다.

한결 부드러워진 분위기 덕분인지 그다음부터 아이들은 척척 일어나서 자기소개를 하고 자리로 들어왔다. 창희처럼 우스갯소리를 하는 아이도 있었고, 그냥 이름만 말하고 들어오는 아이도 있었고, 자기 자랑을 잔뜩 늘어놓는 아이도 있었다.

재영이는 아까부터 가슴이 콩닥콩닥 뛰고 있었다. 창희가 웃겨도 마음 놓고 웃을 수가 없었다. 드디어 차례가 되어 주뼛주뼛 교실 앞으로 걸어가는데 어지러워서 금방이라도 쓰러질 것 같았다. 머릿속은 하얘졌고, 얼굴은 홍당무가 되었다. 재영이는 고개를 푹 숙이고 조그맣게 중얼거렸다.

"나, 난 진재영이야."

간신히 이 말을 하고는 도망치듯 자리로 돌아오는데 그만 무릎이 꺾여 휘청거렸다. 재영이는 넘어질 것 같아 얼른 앞의 책상을 잡았다. 재영이의 귀에 '쟤, 왜 저래?' 하는 아이들의 목소리가 들리는 것 같았다.

　가까스로 자리로 돌아와 앉았는데도 팔다리는 여전히 후들거리고, 얼굴은 아까보다 더 화끈거렸다. 무슨 잘못이라도 저지른 것처럼 부끄럽고 창피했다. 목소리는 또 왜 그렇게 떨려서 나왔는지……. 개미처럼 조그마해져서 개미굴에 쏙 숨어 버리고 싶은 마음이 간절했다. 조금도 망설이지 않고 자신 있게 자기소개를 하는 다른 아이들이 재영이는 그렇게 부러울 수가 없었다.

　반 아이들의 자기소개가 모두 끝나자, 선생님은 칠판에 이렇게 적었다.

　난 (　　　　　　　) 은 못해.

　"너희가 지금까지 잘하지 못했던 것이 있을 거야. 잘하고 싶은데 잘 못했던 것, 아무리 해도 자신 없는 것, 그런 것들을 빈 괄호 안에 적어 넣는 거야. 자, 선생님이 종이를 나눠 줄 테니 지금부터 한번 적어 보자."

　흰 종이를 받아 든 신동은 피식 웃었다. 과학 경시 대회나 발명품 대회 같은 데 나가기만 하면 꼭 일등상을 받아 오는 신동이었다. 공부도 아주 잘해서 영어면 영어, 수학이면 수학, 못하는 과목이 없었다.

'난 뭐든지 다 잘해.'

속으로 중얼거리다 갑자기 속이 뜨끔했다. 작년 가을 운동회 때 일이 생각나서였다. 신동은 입술을 비쭉거리며 마지 못해 이렇게 적었다. 난 운동을 못해.

하지만 재영이는 이번만큼은 망설이지 않고 적을 수 있었다. 오히려 적을 것이 너무 많았다. 난 공부를 못해. 난 수학을 못해. 난 영어도 잘 못해. 난 친구들 앞에서 말을 잘 못해…….

"다 적었니? 그럼 잘 접어서 여기다 넣자."

선생님이 교탁에다 공책만 한 나무 상자를 올려놓았다. 그러곤 제일 먼저 종이를 넣었다. 선생님도 뭔가를 적은 모양이었다. 아이들이 모두 나무 상자에 종이를 넣자 선생님은 상자의 뚜껑을 닫고 망치질을 했다.

"쾅쾅!"

요란한 망치질 소리가 교실을 흔들었다. 아이들은 어리둥절했다. 선생님의 이상한 행동은 계속되었다. 반 아이들을 몽땅 데리고 나가더니 운동장 한 구석 화단에 도착해서는

느닷없이 땅을 파는 것이 아닌가.

'도대체 선생님이 뭘 하시려는 거지?'

아이들은 선생님 모습을 의아하게 바라보았다. 망치질을 하지 않나, 땅을 파질 않나, 6학년이 되어 만난 새 담임 선생님은 보통 이상한 분이 아닌 것 같았다.

땅을 다 판 후 선생님은 구덩이 안에 나무 상자를 넣고는 멀뚱멀뚱 지켜보고 있던 아이들에게 가까이 오라고 손짓했다. 아이들은 주춤주춤 다가가 구덩이와 선생님을 빙 둘러섰다. 선생님이 입을 열었다.

"모두 바쁘신 가운데 '난 못해' 님의 장례식에 와 주신 여러분에게 진심으로 감사의 말씀을 드립니다."

아이들은 깜짝 놀랐다. 장례식이라니! 모두들 어안이 벙벙해서 그저 선생님과 구덩이에 놓인 나무 상자만 번갈아 바라볼 뿐이었다.

"우리는 지금 '난 못해' 님을 하늘나라로 보내드리기 위해 이 자리에 모였습니다. 그동안 그와 함께 했던 추억을 우리는 잘 기억하여 잊지 않을 것입니다. 그러나 만나면 반드시 헤어진다는 말이 있듯이 이제는 이별해야 합니다. 오랫동안 정이 들어 그를 보내는 마음에 아쉬움도 있지만 고인의 형제자매인 '난 할 수 있어' 님, '난 할 거야' 님, '난 하고 싶어' 님과 함께 그 슬픔을 달랠 것입니다."

선생님의 말은 조금 우습게 들렸다. 어쩐지 유치한 장난 같아서 아이들은 킥킥대고 수군거렸다. 콧방귀를 뀌기도 했다. 하지만 선생님의 태도는 경건하기만 했다.

"아직도 '난 못해' 님을 떠나보내지 못하는 친구들이 많이 있을 줄 압니다. 그러나 오늘 이 자리, 우리가 새 학년이 되어 맞는 첫날인 오늘 그와 영원히 작별하려 합니다."

선생님은 말을 멈추고 아이들을 물끄러미 바라보았다. 선생님의 표정과 눈빛에는 장난스러움 같은 것이 전혀 없었다. 오히려 엄숙함이 배어 있었다. 방금 전까지 킥킥대던 아이들은 입을 조용히 다물었다.

"'난 못해' 님의 명복을 진심으로 빕니다. 고인의 죽음은 우리가 다시 일어나 앞으로 나아가는 데 큰 힘이 될 것입니다. 이제 우리는 '난 할 수 있어' 님, '난 할 거야' 님, '난 하고 싶어' 님과 함께 이 슬픔을 딛고 세상을 힘차게 살아갈 것입

니다. 그러니 부디 '난 못해' 님은 안심하고 영원한 안식을 누리기 바랍니다. '난 못해' 님이여, 안녕히 가십시오."

선생님이 정중하게 구덩이를 향해 허리를 숙였다. 몇몇 아이들이 얼떨결에 선생님을 따라 꾸벅 인사했다. 선생님은 곧이어 좀 전에 파냈던 흙을 한줌 움켜쥐고 나무 상자 위로 흩뿌렸다.

'난 못해' 장례식

"너희들도 한 명씩 흙을 뿌려서 '난 못해' 님을 보내 드려라."

아이들은 서로 얼굴을 힐긋대다 주위를 두리번거렸다. 잠시 후 한 아이가 흙을 집어 나무 상자 위에 뿌렸다. 흙이 나무 상자에 부딪치자 '차르르' 소리를 냈다. 이상하게 가슴으로 들리는 소리였다. 아이들은 차례대로 한 명씩 조심스럽게 다가가 흙 한줌을 뿌리고 돌아왔다. 이제 아무도 장난처럼 생각하지 않았다.

재영이는 유치원 때 일이 생각났다. 노란 병아리……. 삐악삐악 귀엽게 조잘대던 병아리가 그만 죽어 버려 땅에 묻었던 기억……. 그때 얼마나 슬펐는지, 엉엉 울던 기억이 아직까지 생생했다.

그런데 지금 이 장례식은 하나도 슬프지 않았다. 아니, 오히려 기쁘고, 반가운 마음마저 들었다. 난 공부를 못해, 난 수학을 못해, 난 영어를 못해, 난 친구들 앞에서 말을 잘 못해……. 그 모든 '난 못해'가 이제 땅속에 묻힌다고 생각하니 속이 후련해지는 기분이었다.

재영이는 흙을 한 움큼 쥐고 '난 못해' 님이 누워 있는 곳으로 성큼성큼 다가갔다.

'안녕히 가세요. 이제 다시는 오지 마세요.'

속으로 중얼거리며 재영이는 '난 못해' 님의 관 위로 흙을 뿌렸다. 이제 그동안 재영이를 괴롭히던 '난 못해' 님은 영원히 잠들게 되었다. 재영이는 그렇게 생각했다.

재영이뿐만이 아니었다. 자기 손으로 '난 못해' 님의 이름을 쓰고, 땅속에 묻고, 흙을 뿌려 준 아이들의 모든 마음속에서는 지금까지 없었던 어떤 새로운 기운이 꿈틀거렸다. 뭐든지 다 도전해 보고 싶은 마음, 끝까지 해내고 싶은 마음, 정말 잘할 수 있을 것 같은 마음, 바로 자신감이었다.

내 안에 숨어 있는 힘_잠재력

공룡알

이제 모둠끼리 잘 협력해서 공룡 알을 열심히 품어 보기로 하자.
알에서 무엇이 나올지 참 궁금하구나.

　　교실로 돌아오는 아이들의 발걸음은 새털처럼 가벼웠다. 금방이라도 하늘을 날 수 있을 것 같은 기분이었다. 그런데 선생님이 시험지를 나눠 주는 바람에 금세 바람 빠진 풍선처럼 쪼그라들고 말았다.

　"첫 수업부터 시험 보는 게 어딨어요?"

　"선생님, 정말 너무해요!"

　여기저기서 볼멘소리가 터져 나왔다. 세상에서 최고로 멋지다고 생각했던 담임 선생님이 순식간에 세상에서 제일 짜증나는 선생님이 되어 버렸다.

"이거, 시험 아니고, 아주 간단한 테스트야. 봐 봐. 질문도 아주 쉽지? 시간도 얼마 안 걸려. 금방 끝나."

선생님이 손사래를 치고 손가락으로 질문지를 톡톡 쳤다.

아이들은 그제야 받아 든 종이를 자세히 들여다보았다. 시험이라면 질색이어서, 문제가 잔뜩 적힌 종이를 얼핏 보고 시험인 줄로 알았던 것이다. 종이에는 시시한 질문만 잔뜩 적혀 있었다. 이런 건 누워서 식은 죽 먹기였다.

모든 문항에 표시를 하자 선생님이 질문지를 거둬 갔다. 그러곤 질문지를 한 손에 모아 잡고 흔들며 말했다.

"너희들, 이게 뭔지 아니? 이건 바로 너희 안에 숨겨져 있는 보물 지도다."

아이들이 웅성거렸다.

"이 테스트로 너희가 가진 보물이 무엇인지 알 수 있지."

보물 지도는 뭐고 보물이 숨겨져 있다는 건 또 무슨 말일까? 아이들은 고개를 갸우뚱거렸다.

"사람은 누구나 여덟 개의 보물을 가지고 태어난단다. 너희들 모두 그 보물을 갖고 있어."

"정말요?"

"어떤 보물인데요?"

"비싼 거예요?"

아이들이 다시 웅성댔다.

"하하하. 그래, 아주 비싼 거란다. 돈으로는 따질 수 없을 만큼 아주 소중하고 귀한 거야."

"와아!"

아이들은 탄성을 질렀다.

"우리 한번 생각해 보자. 왜 누구는 노래를 잘하고, 누구는 운동을 잘하고, 누구는 그림을 잘 그리고, 누구는 글을 잘 쓰고 그러는 걸까? 왜 사람들은 잘하는 것이 다 다를까?"

아이들은 선생님의 질문에 고개를 갸웃거리며 생각해 봤지만 왜 그런지 잘 알 수 없었다.

"신은 아이가 어떤 걸 좋아하는지 몰라서 무조건 여덟 개의 보물을 주는데, 그중에서 자기한테 맞는 걸 찾아내 다듬고 길들이면 남들보다 더 잘하는 게 생기는 거야. 우리가 잘 알고 있는 아인슈타인이나 모차르트, 박지성, 빌게이츠 같은 사람이 바로 자기한테 잘 맞는 보물을 찾아내서 크게 키워 낸 경우지.

그런데 자기에게 꼭 맞는 보물을 캐내는 일은 여간 어려운 게

아니야. 그 보물은 매우 귀중한 것이어서 우리 몸속 깊숙한 곳에 숨겨져 있기 때문이지. 게다가 씨앗처럼 아주 작아서 어디에 숨어 있는지, 어떻게 꺼내야 하는지 잘 모르고, 또 어렵게 고생해서 꺼냈는데 알고 보니 그 보물이 자신한테 맞지 않는 슬픈 일도 가끔 있단다."

아이들은 너도나도 고개를 끄덕였다.

"그러나 자신한테 꼭 맞는 보물을 찾아내서 잘 갈고 닦기만 하면 말이야, 그때부터는 그 보물이 서서히 커지기 시작한단다. 씨앗을 심고 물을 주면 싹이 트고 꽃이 피고 열매를 맺듯이 말이야. 흥부네 박처럼 엄청나게 커져 버리는 경우도 있어."

"아인슈타인이나 김연아 선수처럼 말이에요?"

"그래, 맞아."

"선생님, 그럼 저한테는 어떤 보물이 숨어 있어요?"

"저한테는요?"

"저도 알려 주세요."

아이들은 앞다퉈 물어보았다.

"그것이 알고 싶니?"

"네!"

"좋아. 그것을 알려 주마."

아이들은 잔뜩 기대에 부푼 얼굴로 선생님을 보았다. 선생님은 빙긋 미소를 지었다.

"그래서 우리는 이런 방법으로 보물찾기를 할 거야."

선생님이 칠판에 글씨를 썼다.

공룡 알.

"우리는 공룡 알이라는 웹진을 만들 거야. 여기에는 '만나고 싶어요', '하고 싶어요', '알고 싶어요', '나 이런 사람이야', '세상에 이런 일이!'라는 꼭지가 있어. 한 달 동안 취재하고 조사한 내용을 정리해서 작성한 기사를 공룡 알 사이트에 올리면 돼. 내용이나 형식은 자유! 너희가 하고 싶은 것을 마음대로 해. 사진을 찍어 올려도 되고, 만화를 그려도 되고, 글에 자신이 있다면 소설이나 동화, 시를 써도 괜찮아. 직접 노래를 만들어도 좋고, 코스프레를 한 모습을 찍어 올려도 좋고, UCC를 만들어 올려도 돼. 뭐든 다 환영이야. 이 밖에 너희들만이 생각해 낼 수 있는 기상천외하고 엉뚱한 거라도 상관없어."

반 전체가 술렁거렸다. 뭔가 굉장하고 근사한 일이 일어나고 있는 것 같았다.

"처음이라 좀 얼떨떨하지? 선생님이 보충 설명을 좀 할게. '만나고 싶어요'에는 궁금한 대상을 정해서 기사를 만들면 돼. 직접 만나서 인터뷰를 해도 되고, 책이나 인터넷 등 각종 매체를 통해서 얻은 정보를 토대로 만들어도 돼. 그러니까 예수님, 부처님, 세종대왕, 박지성 선수 등등 모두가 그 대상이 될 수 있어. 빌게이츠를 만나러 직접 미국을 갔다 와도 좋아!

꼭 유명한 사람만 해당하느냐? 그렇지 않아. 학교 앞 문방구 할아버지, 분식집 할머니, 피씨방 형이나 편의점 언니, 경비실 아저씨도 상관없어. 그럼 꼭 사람이어야 하느냐? 그것도 아니야. 지나가기만 하면 얄밉게 짖어 대는 이웃집 개, 골목길에서 맞닥뜨리면 째려보는 길고양이, 동물원의 코끼리, 사자, 호랑이 모두 다 환영한다. 달나라에서 방아 찧는 토끼도 좋고. 아, 물론 외계인도 대환영이야.

'하고 싶어요'는 자세히 설명하지 않아도 알겠지. 너희가 하고 싶은 일을 적으면 되고. '알고 싶어요'는 세상에는 왜 저런 일이 일어날까 궁금한 걸 알아보는 공간이야. 이를테면 시험은 누가 만들었을까, 수학 문제는 왜 푸는 거지, 어른들은 왜 우리 걱정만 하는 걸까, 전쟁이 일어나는 이유는 뭘까……. 스스로 질문을 만들고 스스로 답을 찾아보는 거지. 다음 '나 이런 사람이야'에서

는 자기 자랑을 실컷 늘어놓으면 되고.

　마지막으로 '세상에 이런 일이!'는 제목에서 딱 느껴지지? 세상에서 일어나는 온갖 신기하고도 기상천외한 사건, 사고를 올리면 돼. 검둥개가 새끼를 낳았는데 흰둥이라든지, 생선을 싫어하는 고양이가 있다든지, 한여름에 우박이 내린다든지, 물만 마시고 사는 사람이 있다든지, 축지법을 쓰고 장풍을 쏘는 사람이 있다든지, 흠 그건 내가 좀 일가견이 있긴 하다만, 아무튼 설명은 이 정도로 끝내고, 자, 이제 우리 모둠을 나눠 볼까?"

선생님은 손뼉을 짝짝 치고 아이들을 재촉했다. 쉴 새 없이 쏟아진 설명에 이어 우왕좌왕 모둠을 나누느라고 아이들은 정신이 없었다. 곧 반 전체는 다섯 모둠으로 나뉘었다. 재영이는 진우, 찬식, 현주, 신동과 같은 모둠이 되었다.

"우리 선생님, 꼭 외계인 같지 않니?"

"하시는 말씀마다 정말 엉뚱해."

"웃겨, 장풍을 쏘고 축지법을 쓴대."

아이들은 모둠끼리 자리를 바꿔 앉으면서 키득거렸다.

"그럼 이제 같은 모둠끼리 앉았으니까 순서를 정하자. 혹시 제일 먼저 하고 싶은 모둠 있니?"

창희가 손을 번쩍 들었다.

"오 그래, 손창희. 너희 모둠이 먼저 할

래? 다른 아이들도 동의한 거겠지?"

창희네 모둠 아이들이 고개를 끄덕거렸다. 창희는 주먹을 입에 댔다가 집게손가락 하나만 펴서는 하늘을 찌르는 시늉을 해 보였다. 아이들이 와하하 웃었다.

다음 순서는 재영이네 모둠이 됐다. 신동이 친구들 의견은 물어보지도 않고 자기 맘대로 손을 들어 버린 것이다. 선생님이 친구들과 상의해서 결정했느냐고 물어봤는데 어쩐 일인지 다른 아이들은 잠자코 있기만 했다. 재영이도 속으로는 도리질을 쳤지만 쑥스러워서 아무 말도 하지 못했다.

이윽고 모든 순서가 정해졌다.

"이제 모둠끼리 잘 협력해서 공룡 알을 열심히 품어 보기로 하자. 알에서 무엇이 나올지 참 궁금하구나. 너희도 궁금하지?"

"네!"

"지금 이 순간부터 너희의 끼와 열정을 마음껏 펼쳐 보렴. 각자에게 꼭 맞는 씨앗을 찾아내 열심히 키워 보자. 그럼 흥부네 박처럼 커다래질 테니까. 그 조그만 씨앗이 바로 잠재력이다. 호리병 속에서 잠자는 지니! 불러 주기만을 애타게 기다리는 거대한 힘! 우리의 꿈을 이뤄 주는 에너지, 우리 이제 그 지니를 흔들어

깨워 보자꾸나!"

　선생님이 두 주먹을 불끈 쥐고 흔들어 보였다. 아이들은 갑자기 가슴이 설레고 엉덩이가 들썩거렸다. 어서 빨리 그 씨앗을 찾아내서 흥부네 박처럼 커다랗게 만들고 싶었다. 자신의 잠재력이 무엇인지 알고 싶어서 가만히 있을 수가 없었다.

내 안에 숨어 있는 힘_잠재력

아기가 된 할머니

재영이는 병원에 입원한 할머니를 보고 울음을 터뜨렸다. 할머니의 오른쪽 팔다리가 마비되어 버렸기 때문이다.

문을 열어 주면서 엄마가 말했다.

"할머니 오셨어."

"진짜?"

재영이는 반가운 마음에 책가방을 거실에 아무렇게나 내던지고 방으로 뛰어갔다.

"할머니!"

할머니는 침대에 누워 계시다 재영이를 보고 일어나 앉으려고 했다. 엄마가 재빨리 다가가 할머니를 도와드렸다.

"아이고, 우리 강아지 왔구나."

할머니가 재영이에게 왼손을 내밀었다. 재영이가 할머니 손을 잡아드리며 물었다.

"할머니, 이제 괜찮아요?"

"그럼 괜찮고말고."

할머니가 연신 재영이 등을 쓸어내리며 말했다. 재영이가 엄마를 돌아보았다. 엄마가 미소를 지으며 고개를 끄덕였다. 그제야 안심이 된 재영이는 할머니를 와락 끌어안았다.

재영이네 외할머니는 원래 따로 혼자 사셨다. 외할머니 댁까지는 마을버스를 타면 10분도 걸리지 않았고, 걸어서도 갈 수 있는 거리여서 재영이는 곧잘 수업이 끝나고 할머니를 보러 가곤 했다. 할머니도 김치나 다른 밑반찬을 만들어서는 종종 재영이네 집에 오셨다.

그런데 지난겨울에 할머니가 그만 쓰러지고 말았다. 재영이는 병원에 입원한 할머니를 보고 울음을 터뜨렸다. 할머니의 오른쪽 팔다리가 마비되어 버렸기 때문이다. 할머니는 이제 오른손으로는 컵도 쥘 수 없고 머리도 빗을 수 없었다. 오른발 역시 마찬가지였다. 힘이 하나도 없어서 한 걸음도 걸을 수가 없었다. 걷기는커녕 서 있기조차 힘들었다.

오른손잡이인 할머니가 오른손을 쓰지 못하니 모든 걸 왼손으로 할 수밖에 없었다. 그러나 왼손을 쓰는 데 서툴러 세수나 양치질을 할 때 다른 사람의 도움이 필요했고, 밥도 혼자 드시기 어려웠다. 왼발 하나로만 걸을 수도 없어 화장실에는 엄마나 재영이가 휠체어를 밀고 가야 했다. 할머니는 혼자서는 아무것도 하지 못하는 아기가 되어 버렸다.

"할머니, 뭐 시키실 거 없어요? 제가 다 할게요."

재영이가 할머니의 어깨와 팔다리를 주물러 드리며 말했다.

"어이구, 우리 재영이 다 컸네. 심부름도 먼저 하겠다고 나서고."

엄마가 조금은 놀리는 듯한 투로 말했다.

"치, 엄마는, 내가 언제는 안 했나? 두부 사 와라, 파 사 와라, 만날 나만 시키면서. 할머니, 저 심부름 잘하죠?"

"그럼, 우리 재영이가 최고지."

할머니가 재영이 편을 적극 들어준 덕분에 재영이 어깨가 으쓱 올라갔다. 엄마도 말만 그렇게 했을 뿐이지, 재영이가 심부름을 얼마나 잘하는지 잘 알고 있었다.

할머니가 입원해 계실 때 재영이는 학교나 학원이 끝나면 매일 병원으로 가서 심부름을 했다. 엄마 심부름도 하고 할머니 심부름도 하고, 같은 병실에 있는 다른 환자나 보호자의 심부름도 잘했다.

"어쩜, 이렇게 착한 손녀딸을 두셨어요?"

"아이고, 기특해라."

주위 사람들 칭찬이 자자했다. 친척들도 모두 재영이를 예뻐하고, 대견해했다.

저녁때 아빠는 할머니랑 같이 살게 된 기념으로 할머니를 모시고 냉면을 먹으러 가자고 했다. 냉면은 할머니가 무척 좋아하는 음식이다. 그런데 이상하게도 할머니는 싫다며 아빠의 제안을 거절했다.

"왜요, 할머니? 냉면 먹으러 가요, 네?"

재영이가 한참 애교를 부리자 할머니는 할 수 없다는 듯 고개를 끄덕였다.

알고 보니 할머니는 엄마, 아빠를 번거롭게 하고 싶지 않아서 거절했던 것이다. 할머니가 외출하려면 휠체어를 타야 하고, 막상 식당에 갔는데 휠체어가 들어갈 수 없으면 아빠가 할머니를 업어야 하기 때문이다.

사실 할머니는 재영이네 집에도 오시지 않겠다고 고집을 피웠었다. 병원에서 퇴원해 혼자 사시던 집으로 가겠다고 했다. 지금까지 혼자 잘해 왔으니 앞으로도 잘할 수 있을 거라면서. 아무리 딸의 집이지만 신세를 끼치기 싫다는 것이 그 이유였다.

그러나 엄마와 아빠, 특히 재영이는 아기가 된 할머니를 혼자 계시게 할 수는 없었다. 재영이는 하루라도 빨리 할머니 병이 낫게 도와드리고 싶었다. 다시 예전처럼 할머니랑 손잡고 걸어 다니며 시장에도 가고, 떡볶이도 먹으러 가고 싶었다. 할머니는 재영이의 가장 친한 친구였다. 그래서 재영이는 조금도 망설이지 않고 자신의 침대를 할머니에게 양보했고, 할머니 오실 날을 손꼽아 기다리며 방 청소도 깨끗이 해 두었다.

할머니가 집에 오신 날부터 재영이는 할머니를 돕는 데 열심이었다. 할머니는 딱히 시키지 않으셔도 혼자서는 움직이시지 못하기 때문에 이것저것 도움의 손길이 많이 필요했다. 재영이는 아주 사소한 심부름이라도 귀찮아하거나 짜증내지 않았다.

그러던 어느 날 저녁, 숙제를 하다 목이 말라 부엌에 가던 재영이의 귀에 엄마, 아빠의 대화 소리가 들렸다.

"우리 재영이가 정말 대견해. 싫은 내색 하나 없이 어머니 시중을 다 들어드리니. 나도 힘들 때가 있는데, 어쩜 그렇게 잘하나 몰라."

엄마의 목소리였다.

"그럼, 우리 재영이가 누구 딸인데."

아빠의 목소리도 들렸다.

"그런데 공부만 좀 더 잘했으면 좋겠어."

"공부 잘하는 것보다 어른들한테 잘하는 게 더 중요한 거야. 요즘 아이들 봐 봐. 엄마, 아빠가 오냐오냐해서 키우니까 어른들을 아주 우습게 알잖아."

"그렇기야 하지만……. 그래도 내년이면 중학생이잖아. 영어, 수학을 못하면 대학 가는 데 지장이 많다던데. 공부만 더 잘하면 얼마나 좋아, 그럼 정말 더 이상 바랄 게 없는데……."

엄마의 한숨 소리가 재영이 가슴속으로 파고들었다. 공연히 가슴이 철렁 내려앉는 것 같았다. 재영이는 목마른 것도 잊고 그냥 방으로 돌아오고 말았다.

'누군 뭐 공부를 못하고 싶어서 못하나? 일부러 그러는 것도 아니고, 나도 잘하고 싶다고요.'

재영이는 속상해서 입술을 삐죽이며 투덜거렸다.

우울한 마음에 게임이나 한 판 하려고 컴퓨터를 켜고 인터넷에 접속했다. 뜻밖에 담임 선생님의 메일이 와 있었다. 단순한 안부 메일이었지만 재영이는 어쩐지 마음이 설렜다.

내 안에 숨어 있는 힘_잠재력

극한의 다림질

창희는 산 정상에 올라가서 다림질하는 사진을 여러 장 찍어 올리고 '극한의 다림질'이라는 제목을 붙여 놓았다.

창희네 모둠 기사가 올라왔다. 모두들 기다리고 있던 참이어서 공룡 알 사이트로 몰려갔다. 벌써 방문자가 꽤 됐다. 어느새 소문이 퍼진 모양이었다. 아이들이 직접 만든 웹진이라고 하니까 많이들 궁금한 것 같았다. 재영이네 반 아이들뿐만 아니라 다른 반 아이들, 심지어 선생님들까지 찾아와서 댓글을 달았다.

그중에서도 창희의 '나 이런 사람이야' 기사가 단연 인기가 높았다. 창희는 산 정상에 올라가서 다림질하는 사진을 여러 장 찍어 올리고 '극한의 다림질'이라는 제목을 붙여 놓았다. 사진 밑에 달린 설명 또한 익살스러워서 아이들의 반응은 폭발적이었다.

날마다 조회 수가 늘어나더니 급기야 1,000을 넘는 기록을 세웠다. 전교생이 천 명 조금 넘으니까 거의 모든 학생들이 봤다는 얘기였다.

'산에서 웬 다림질?'

'인천 앞바다에 뜬 사이다도 고뿌 없이 한번 마셔 봐.'

'고뿌가 뭐예요?'

'컵을 일본말로 고뿌라 그래.'

나 이런 사람이야

'난 절벽에 매달려서 다림질할 거야.'

'난 번지점프 하면서!'

'형, 짱 멋있어.'

'퍼가도 돼요?'

'펌질 무한 허용.'

'극한의 무한도전질.'

'극한의 댓글질.'

'극한의 클릭질.'

꼬리에 꼬리를 이어 댓글이 달렸다. 댓글은 점점 '극한의 ~질' 이라는 말로 달리기 시작했다. 아이들은 말 만드는 재미에 푹 빠졌다.

'극한의 ~질'이라는 말은 공룡 알에서만 사용되는 게 아니었다. 눈웃음치면 '극한의 애교질', 짜증 내면 '극한의 신경질', 선생님께 잘 보이려 하면 '극한의 아부질' 등등 모든 상황에 갖다 붙여 썼다.

창희를 흉내 내어 다른 종류의 '극한의 ~질' 하는 놀이도 유행했다. 찜질방이나 숯가마에서 뜨개질하는 '극한의 뜨개질', 조그만 천에 커다란 바늘로 바느질하는 '극한의 바느질', 조그만 나무판에 빽빽하게 못을 박는 '극한의 망치질' 등등 온갖 놀이로 발전했다. 아이들은 날마다 새로운 놀이 찾기에 골몰했다. 기상천외한 놀이를 생각해 내는 아이는 인기가 올라갔다.

재영이도 뭐 기발한 거 없을까 궁리해 보았다. 재영이는 친구도 별로 없고 아이들에게 인기도 없었다. 쉬는 시간이나 점심시간에도 자기 자리에서 책을 읽는 경우가 많았다. 부끄러움을 많이 타는 성격이라서 다른 아이에게 먼저 말을 걸기가 쉽지 않았기 때문이다. 반면에 창희는 친구가 많아서 항상 주위에 아이들이 들끓고, 깔깔깔 유쾌한 웃음소리가 끊이지 않았다. 재영이는 창희처럼 명랑한 아이가 부러웠다.

"그까짓 거 갖고 되게 시끄럽네."

신동이 창희네를 흘겨보며 툴툴거렸다.

"그거 다 외국에서 유행하던 거야. 익스트림 스포츠라고 원래 있는 거라고. 그거 보고 따라한 거면서, 잘난 척은."

신동은 아이들에게 인기가 많은 창희가 마음에 들지 않는 눈치였다.

"맞아, 나도 인터넷에서 봤어."

"우린 뭐하지?"

진우와 찬식이가 신동을 흘끔 보았다.

"무조건 쟤네보다 조회 수가 높아야 해."

신동이 말하자 진우와 찬식이가 고개를 끄덕였다. 현주가 재영이를 돌아보았다. 재영이는 어색한 미소만 지었다.

"너희들, 내일까지 생각해 와."

"뭐? 내일까지?"

"안 돼. 그건 무리야."

"저번에 내가 생각해 두라고 그랬잖아. 무조건 내일까지야."

신동이 인상을 팍 썼다.

"알았어."

진우와 찬식이는 금세 꼬리를 내렸다.

"야! 네가 뭔데 이래라 저래라야."

현주였다.

"반장이잖아."

"반장 말 들어야지."

진우와 찬식이가 신동을 두둔했다.

"반장이면 다야? 우린 웹진 만들려고 새로 모둠 나눈 거잖아. 그러니까 조장도 새로 뽑아야 돼."

현주는 지지 않았다. 재영이도 한마디 거들고 싶었지만 괜히 가슴이 떨려 와 그냥 고개만 열심히 끄덕였다.

결국 조장을 새로 뽑기 위해 투표를 했지만 박신동 3표, 김현주 2표로 신동이 조장이 되었다. 뻔히 예상할 수 있는 결과였다. 현주는 진우와 찬식이를 째려보았다.

"투표해서 뽑았으니까 너희들 불만 없지?"

신동이 잘난 체하며 말했다.

"불만은 무슨, 잘 부탁해."

"어차피 신동, 네가 해야 할 일이었어. 괜히 여자애가 나서서……."

"뭐!"

진우의 말이 끝나기 무섭게 현주가 소리를 버럭 지르며 주먹을 치켜들었다.

"너, 지금 내가 여자라고 무시하는 거야?"

"그러다 한 대 치겠다."

"야, 그만해! 지금 그런 거 갖고 싸울 때냐?"

신동이 끼어들었다.

"그런 거라니? 너 참 웃기는 애다. 그럼 나도 너한테 운동도 못하는 뚱뚱한 애가 나선다고 해도 되겠네?"

신동은 당황해서 얼굴이 붉으락푸르락했다.

"야, 이진우! 너 여자애가 나선다는 말 취소해!"

현주가 씩씩대며 진우를 차갑게 쏘아보았다.

"분위기 왜 이러냐?"

찬식이가 그 모습을 보고 중얼거렸다.

"당장 취소해!"

현주의 말소리는 단호했다.

"아니, 취소만으로는 안 돼. 사과해!"

찬식이가 진우의 옆구리를 찌르며 뭐라고 조그맣게 소곤거렸다.

"사과하라니까!"

"아이참, 알았어. 미안하다 미안해, 됐냐?"

진우는 억지로 사과하는 시늉을 했다. 현주는 어이가 없어서 콧방귀를 뀌고는 팔짱을 끼고 쌩 돌아앉았다. 재영이는 가슴이 조마조마했다.

그때 마침 선생님이 들어와 창희네 모둠 아이들을 한 명씩 칭찬했다. 생각했던 것보다 훨씬 더 잘해내서 대견하다고 했다.

"산에 올라가서 다림질할 생각을 하니 즐거워서 올라갈 때 힘

든 줄도 몰랐어요. 제가 원래 높은 데 올라가는 걸 엄청 무서워하거든요. 그런데 빨리 가서 사진 찍어야지 그 생각을 하니까 올라가는 데 별로 힘들지도 않고, 막상 꼭대기에 올라가니까 무섭지도 않더라고요."

창희가 등산하며 느꼈던 소감을 들려주었다.

"유레카!"

선생님이 불쑥 소리쳤다. 반 아이들은 어리둥절했다.

"대단한걸. 창희가 아주 중요한 인생의 비밀을 깨달아 왔어!"

"비밀이라니요?"

창희도 자신이 무슨 비밀을 알아왔는지 궁금했다.

"즐거우면 힘든 일도, 무서운 일도 없다는 비밀! 무슨 일이든 스스로 즐기면서 하면 말이다, 세상의 모든 일이 다 즐거운 법이지. 높은 산에 올라가는 일이 왜 힘들지 않겠니? 하지만 즐겁게 올라갔으니까 즐거운 거고, 고소 공포증도 그 즐거움을 이길 수 없었던 거지."

아이들은 고개를 끄덕였다.

"즐거우면 누가 시키지 않아도 스스로 알아서 하게 되지. 만약 창희에게 산꼭대기에 올라가서 다림질해라, 하고 시켰다면 어땠을까? 왜 나한테 그런 쓸데없는 일을 시키는 거야, 투덜거렸겠지? 하지만 창희는 공룡 알에 기사를 올릴 생각을 하니 즐거웠던 거고, 즐거웠기 때문에 힘들지도, 무섭지도 않았던 거지. 공부도 마찬가지야. 어떠냐? 너희들 공부가 힘들거나 무섭지 않냐?"

"네, 맞아요. 힘들어 죽겠어요."

"시험 점수는요, 귀신보다 더 무서워요!"

"와하하!"

아이들이 웃음을 터뜨렸다.

"그런데 왜 공부가 힘들거나 무서울까?"

아이들이 왁자지껄 자신의 의견을 내놓기 시작했다.

"공부는 원래 그런 거예요."

"부모님이나 선생님이 만날 시키니까 그래요."

"맞아요. 우리 엄만 만날 공부, 공부 하신다니까요."

아이들의 말을 가만히 듣던 선생님이 입을 열었다.

"그런데 말이다, 원래 공부는 즐거운 거란다. 몰랐던 사실을 새로 알게 되면 얼마나 기쁘고 즐거우냐?"

아이들은 저도 모르게 고개를 끄덕였다.

"그 즐거움을 빼앗아 버린 우리 어른들 잘못이 참 크다. 선생님은 너희한테 공부는 원래 재미있는 거라는 사실을 알려 주고 싶어. 이왕 사는 거 매일매일 즐겁고 행복해야 하지 않겠니? 그러기 위해서는 내가 뭘 좋아하고, 뭘 할 때 즐겁고 행복한지 잘 알아야 해. 그걸 찾기 위해 우리는 여러 가지를 해 보게 되지. 수학 문제도 풀어 보고, 영어 공부도 해 보고, 게임도 해 보고, 축구도 해 보고, 그림도 그려 보고, 피아노도 쳐 보고……. 이것저것 다 해 봐야 내가 뭘 잘하는지, 또 뭘 할 때 행복한지 알 수 있잖아? 내가 잘하는 그 무엇을 찾아내는 일이 공부고, 그 찾아낸 것을 크게 키워 내는 일도 공부다. 이제 알겠니? 왜 우리가 공부해야 하는지."

"네!"

재영이는 그제야 왜 지겨운 수학 공부를 해야 하는지 알 것 같았다. 영어를 왜 배워야 하는지, 과학을 왜 공부해야 하는지, 학원에는 왜 또 그렇게 다녀야 하는지……. 하지만 그렇다고 해서 그런 과목들이 좋아진 건 아니었다. 재영이는 아직 자신이 무엇을 할 때 즐겁고 행복한지는 잘 알지 못했지만 적어도 한 가지는 알 수 있었다. 수학 문제를 풀 때만큼은 즐겁지도 않고 행복하지도 않다는 사실 말이다.

재영이는 자신이 무엇을 할 때 정말로 즐겁고 행복한지 잘 생각해 보기로 했다. 그런 공부라면 얼마든지 할 수 있었다.

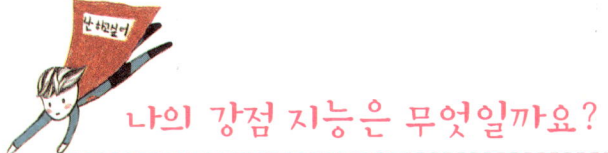

나의 강점 지능은 무엇일까요?

사람에게는 누구에게나 8가지 지능이 있어요. 하지만 이 8가지 지능이 모든 사람에게 똑같이 나타나는 것이 아니라 저마다 다른 지능보다 특별히 더 잘하는 지능(강점 지능)이 있답니다. 역사에 이름을 남긴 사람들은 자신에게 주어진 강점 지능, 즉 잠재력을 계발하고 발휘하는 데 성공한 사람이에요. 나의 강점 지능은 무엇일까요? 나의 강점 지능을 찾아내 크게 키워 보세요.

✦ 8가지 지능 ✦

	특 징	어울리는 직업
언어지능	책 읽기, 글쓰기, 말하기를 잘한다. 유머나 말 잇기 게임, 낱말 맞추기 등을 즐긴다.	시인, 작가, 정치가, 변호사, 방송인
음악지능	노래 부르기, 악기 다루기를 잘한다. 멜로디를 쉽게 익히고, 음높이나 리듬을 잘 구별한다.	가수, 연주자, 성악가, 작곡가, 피아노 조율사
논리수학지능	실험하기를 좋아하고, 수학에 흥미가 있고, 추리를 잘한다.	과학자, 회계사, 통계학자, 법률가, 컴퓨터 프로그래머
공간지능	그림 그리기, 미로 찾기, 모형 만들기를 좋아하고, 한 번 보면 비슷하게 그려 내거나 모형을 만들어 낸다.	건축가, 미술가, 발명가, 디자이너, 조종사
신체운동지능	운동을 잘하고, 스케이트나 자전거를 빨리 배운다.	무용가, 운동 선수, 배우, 비보이
자기성찰지능	여럿이 어울리기보다 혼자서 조용히 있기를 좋아하고, 자신의 감정이나 꿈에 대해 많이 생각한다.	작가, 종교인, 예술가, 심리학자
대인관계지능	사람들 앞에서 말을 잘하고, 모둠 활동을 잘한다. 다른 사람의 기분이나 감정을 잘 알아서 사이좋게 지낸다.	교사, 치료사, 상담가, 정치가, 사업가
자연지능	지구 환경에 관심이 많고, 동물과 식물을 좋아한다.	식물학자, 동물학자, 수의사, 환경 운동가, 동물 조련사, 원예 연구가

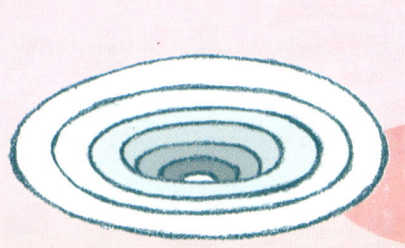

part 2 숨은 재능을 찾다

　김연아는 점프를 뛰다가 또다시 빙판에 엉덩방아를 찧으면서 넘어졌다. 그날따라 컨디션이 좋지 않은지 몇 번이나 실패를 거듭했다. 그녀는 자신에게 실망했고 화도 났다. 그토록 연습을 했건만 왜 이렇게 못하는 것일까?

　이때 오서 코치가 다가와 물었다.

　"네가 처음 트리플 플립을 했던 나이가 몇 살이지?"

　"열한 살 때쯤일 걸요."

　"근데 뭘 걱정하는 거야?"

　그때 김연아의 나이는 스무 살, 9년이나 해 왔던 점프이므로 걱정하지 말라는 뜻이었다. 코치의 조언은 그녀에게 큰 힘이 되었고, 마침내 그녀는 벤쿠버 동계 올림픽에서 세계 신기록을 세우면서 금메달을 따냈다.

내 안에 숨어 있는 힘_잠재력

넌 할 수 있어

선생님이 재영이를 똑바로 보면서 말했다.
"네가 할 수 있다는 걸 아직 네가 모르고 있을 뿐이야."

"이번 어린이날에 백일장이 열리는데 나가고 싶은 사람 손들어 봐."

종례 시간에 선생님이 말했다. 몇몇 아이들이 손을 들었다. 글짓기 대회나 독후감 대회에 나가서 상을 받은 적이 있는 아이들이었다.

"또 없어? 이번이 마지막 어린이날인데 한 번씩들 참가해 보는 게 어때? 내년이면 너희 어린이가 아니잖아. 나중에 좋은 추억이 될 거야."

"아무나 나가도 돼요?"

아이들은 백일장에는 글짓기를 잘해야 나갈 수 있다고 생각하고 있었다.

"초등학생이면 되지."

그러자 한두 명이 더 손을 들었다.

"잘 생각했어. 자, 망설이지 말고 손들 팍팍 들라고. 버스 지나간 다음에 손 흔들어도 소용없어. 나중에는 하고 싶어도 못해. 더 없어? 아참, 재영이는 왜 손 안 들어?"

"네? 저요?"

"그래, 재영이 너도 나가야지."

"저, 저는 글을 못 쓰는데요."

재영이 목소리는 기어 들어가고 있었다.

"'난 못해' 님은 돌아가신 줄 알았는데."

아이들이 와하하, 웃음을 터뜨렸다. 재영이 뺨이 빨갛게 달아올랐다.

"그래, 너 나가라."

"너 만날 책만 읽잖아?"

주위 아이들이 부추겼다. 재영이는 아랫입술을 깨물었다. 아이들 말대로 재영이는 쉬는 시간이나 점심시간에 주로 책을 읽

었다. 재영이가 꼭 책을 좋아해서만은 아니었다. 아직 친해진 친구가 없어서, 학급 문고가 재영이의 친구가 되어 주고 있을 뿐이었다.

"다들 응원하는데, 재영이도 나가는 걸로 하자."

"저, 정말 못해요."

"아니야, 넌 할 수 있어."

선생님이 재영이를 똑바로 보면서 말했다.

"네가 할 수 있다는 걸 아직 네가 모르고 있을 뿐이야."

재영이는 고개를 푹 숙이고는 더이상 아무 말도 하지 않았지만 마음속으로는 강하게 도리질을 치고 있었다.

'전 못해요, 한 번도 해 본 적이 없어요.'

하지만 마음속 말들은 입 밖으로 나오지 못했다. 결국 재영이는 백일장에 나가는 것으로 되어 버렸다.

집으로 돌아오는 재영이의 어깨에는 커다란 짐이 얹어져 있는 것 같았다.

"어떡하지?"

한숨만 푹푹 나왔다. 어째서 선생님은 그런 말씀을 하셨을까?

갑자기 선생님이 미워졌다. 백일장에 나가면 망신만 당할 게 뻔했다. 덩달아 부추긴 아이들도 얄미웠다.

"뭘 한숨을 그렇게 내쉬냐?"

할머니가 힘들게 혼자 일어나 앉으며 물었다. 재영이는 평소와 달리 할머니를 도와드릴 생각도 하지 못했다.

"학교에서 무슨 일 있었어?"

"할머니, 나 어떡해?"

"무슨 일인데? 이 할미한테 얘기해 봐."

재영이는 백일장 대회에 나가는 일이 겁나고 자신 없다고 털어놓았다. 한 번도 글을 써 본 적도 없고, 더군다나 대회 같은 데는 나가 본 적이 없다고…….

"그런데 네가 못하는지 어떻게 알아?"

"네?"

"한 번도 글을 써 본 적도 없고, 대회에 나가 본 적도 없는데, 잘하는지 못하는지 어떻게 아냐고."

"그건…….."

"해 봐야 잘하는지 못하는지 아는 거지."

"하지만 자신 없어요. 겁도 나고요."

"그건 당연한 거야, 해 본 적도 없는 일이니까. 다들 겁내고 자신 없어 하고 그래. 우리 재영이만 그런 게 아니야. 처음 해 보는 일은 원래 다 그런 거란다. 뭐 이 할미도……."

할머니는 뒷말을 조그맣게 중얼거렸는데 무슨 말인지 재영이는 잘 알아듣지 못했다.

"우리 반에 독후감 대회에 나가서 상 받은 애가 있는데요, 걔는 아주 자신 있는 표정이었어요."

"겉으로는 그래도 아마 속으로는 걱정하고 있을 게다. 아닌 척하는 거야. 틀림없다."

할머니가 자신 있게 말했다. 재영이는 자그마하게 한숨을 내쉬었다.

"걱정이 큰 만큼 준비를 더 단단히 하면 돼. 준비가 충분히 되면 겁나는 일도 용기 있게 도전해 볼 수가 있는 거지. 세상에 처음부터 잘하는 사람이 어디 있겠니?"

재영이는 할머니의 말에 고개를 끄덕이다가 할머니 손에 난 상처를 발견했다.

"할머니, 이 손 왜 이래요? 다쳤어요?"

언뜻 보니 긁혀서 피가 맺힌 것 같았다.

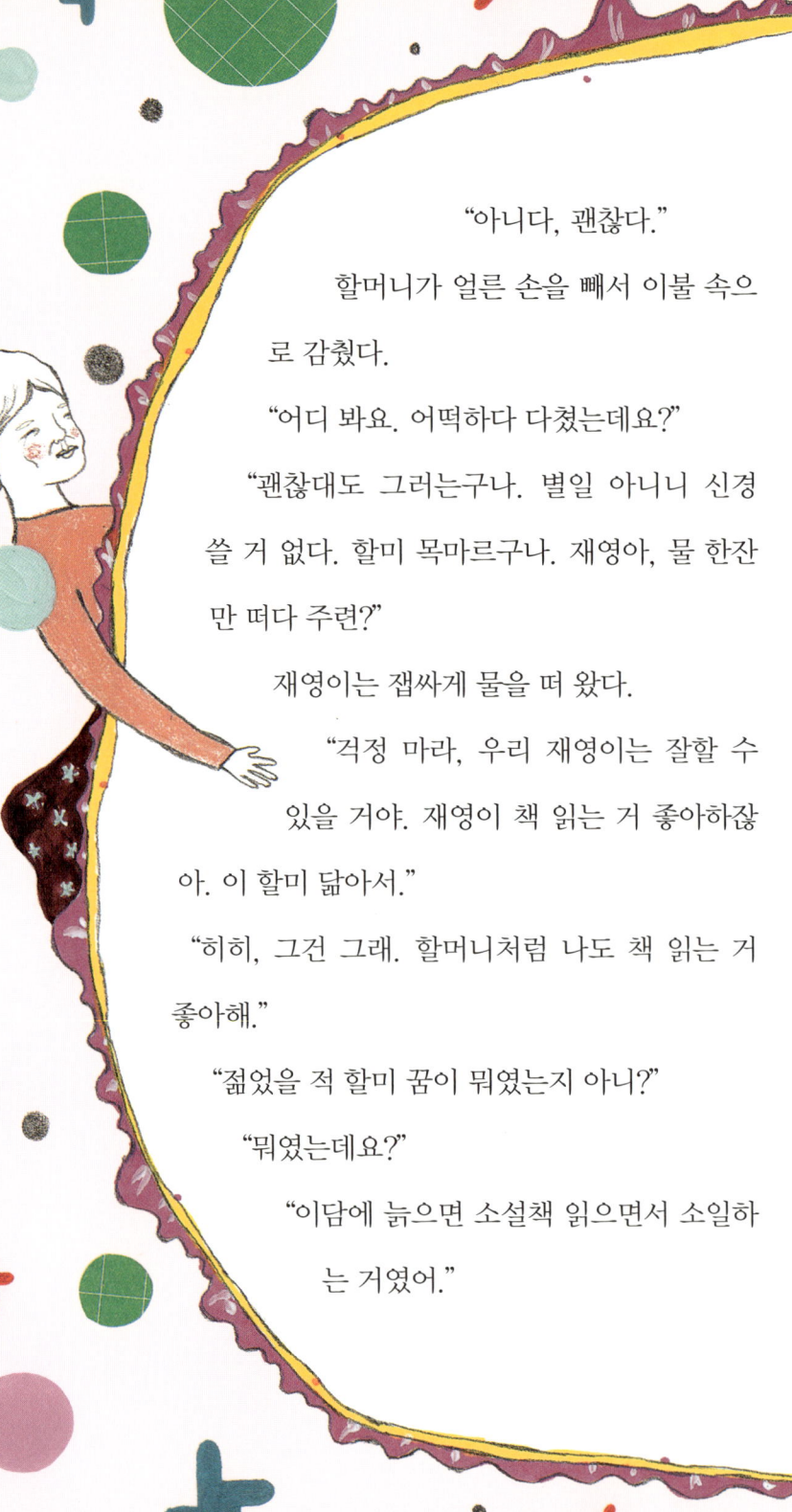

"아니다, 괜찮다."

할머니가 얼른 손을 빼서 이불 속으로 감췄다.

"어디 봐요. 어떡하다 다쳤는데요?"

"괜찮대도 그러는구나. 별일 아니니 신경 쓸 거 없다. 할미 목마르구나. 재영아, 물 한잔만 떠다 주련?"

재영이는 잽싸게 물을 떠 왔다.

"걱정 마라, 우리 재영이는 잘할 수 있을 거야. 재영이 책 읽는 거 좋아하잖아. 이 할미 닮아서."

"히히, 그건 그래. 할머니처럼 나도 책 읽는 거 좋아해."

"젊었을 적 할미 꿈이 뭐였는지 아니?"

"뭐였는데요?"

"이담에 늙으면 소설책 읽으면서 소일하는 거였어."

"소일이 뭐예요?"

"어떤 일에 재미 붙여서 그걸 하면서 사는 거. 할미는 소설책 읽으면서 살고 싶었지. 예전엔 바빠서 책 읽을 틈이 어디 있어야지. 그래서 늙으면 책이나 보면서 살아야지 생각했었는데, 근데 이렇게 병이 들어서 책도 못 보고……."

할머니는 슬픈 표정을 지었다.

"아이, 할머니도 참. 제가 책 읽어드리면 되잖아요."

재영이는 책장에서 동화책 몇 권을 빼들고 왔다.

"제가요, 하루에 한 권씩 읽어 드릴게요, 꼭이요! 자 고르세요, 할머니."

"괜찮다."

"아이, 얼른 고르시라니까요."

"너 힘들어, 목 아파, 관둬."

할머니는 애써 재영이를 만류했다.

"그럼 제가 아무거나 읽어요."

할머니에게 책 한 권을 다 읽어 드리고 나니 할머니 말씀대로 정말로 목이 아팠다. 그래도 마음은 굉장히 뿌듯했다. 저녁때 아빠에게 칭찬도 듬뿍 들었다. 학교에서 돌아올 때까지만 해도 세상이 온통 캄캄해 보였는데 할머니에게 매일 해 드릴 일이 생기고 나니 기분이 좀 나아진 것 같았다. 그렇다고 해서 백일장 걱정이 몽땅 없어진 건 아니었다.

컴퓨터에 접속해 보니, 선생님으로부터 메일이 와 있었다. 선생님이 처음 재영이에게 메일을 보낸 이후 재영이는 선생님과 종종 메일을 주고받았다. 선생님은 재영이뿐만 아니라 다른 아이들한테도 자주 메일을 보내 대화를 나눈다고 했다. 말로 하는 것보다는 글로 얘기를 나누면 더 솔직하게 자기 마음을 표현할 수 있기 때문이란다.

재영이도 말하기보다는 글쓰기가 훨씬 나았다. 머릿속에 생각은 가득한데 친구들 앞에 서기만 하면 말이 나오지 않아 쭈뼛거리기 일쑤였다. 어째서 자기 생각을 말로 표현하지 못하는지 재영이도 속상했다. 괜히 부끄럽고, 친구들이 자기 의견에 대해 어떻게 생각하는지 눈치를 보게 되고, 잘못 말하는 건 아닐까 두려운 생각이 들었다. 어쩐지 정답을 맞혀야만 할 것 같은 생각 때문에 자신이 없어져 인사하는 목소리조차 기어 들어가게 되고 나중에는 아무 말도 못하고 마는 것이다.

하지만 이렇게 컴퓨터 앞에 앉아 글로 쓸 때는 차분히 자신의 생각을 정리해서 쓸 수가 있었다.

선생님이 갑자기 백일장에 나가 보라고 해서 좀 당황했지? 미리 귀띔을 해 주었어야 하는데, 선생님도 대회가 있다는 걸 늦게 알았거든. 이제 선생님이 재영이한테 왜 그랬는지 이유를 말해 줄게.

재영이한테는 글 쓰는 잠재력이 있어. 그걸 어떻게 아냐고? 첫 시간에 우리 테스트했잖아? 너희에게 어떤 보물이 숨겨져 있는지 알아보는. 거기에 그렇게 나왔단다. 그리고 재영이가 보내는 메일을 보고 선생님은 확신할 수 있었지. 테스트 결과와 마찬가지로 재영이한테 글 쓰는 재주가 있다는 걸 말이야.

무엇보다 재영이는 자기 생각을 솔직하게 꾸미지 않고 표현하는데, 이게 큰 장점이란다. 어떤 아이들은 멋있는 말, 어디서 주워들은 말들을 무슨 뜻인지도 모르면서 갖다 쓰는데 재영이는 그러지 않거든.

자기가 하고 싶은 말을 제대로 표현할 줄도 알고, 다른 사람들이 미처 생각하지 못하는 것을 생각하고, 또 보지 못하는 것을 보고 느낄 줄도 알아. 그건 아주 훌륭한 능력이야. 글 쓰는 데 있어서 말이지.

대회라고 하니까 긴장한 모양인데, 전~혀 겁먹을 필요 없단다. 그까짓 거 아무것도 아냐. 그냥 선생님이랑 이렇게 메일 주고받는 것처럼 쓰면 돼. 가짜로 꾸미지만 않으면 된단다.

하하하. 웅변대회에 나가라고 하는 것보다는 훨씬 낫잖아?

"어휴."

웅변대회라니. 생각만 해도 재영이는 얼굴이 빨개지고, 손발이 덜덜 떨렸다. 수많은 사람들 앞에 서게 된다면 아마 그 자리에서 기절할지도 모른다. 선생님 말씀대로 웅변대회가 아니라 백일장이어서 천만다행이었다.

"그런데 나한테 글 쓰는 잠재력이 있다고?"

재영이는 그런 말은 태어나서 처음 들어 봤다. 지난 13년 동안 선생님이나 부모님한테서 한 번도 들어 본 적이 없는 말이었다.

어려서부터 재영이가 책 읽기를 좋아해서 엄마, 아빠가 책을 많이 사 주시기는 했다. 한글을 아직 깨치기 전에는 하도 책을 읽어 달라고 졸라 대서 엄마, 아빠가 책 사 주기를 꺼려하기도 했단다. 그 많은 책을 처음부터 끝까지 읽어 주려면 목이 아프니까. 재영이는 아침에 일어나자마자 책부터 집어 들었고, 잠자리에 들어서도 책을 놓을 줄을 몰랐다.

'책 읽기를 좋아한다고, 글도 잘 쓰게 되는 걸까?'

재영이는 고개를 갸우뚱했다. 자신한테 글 쓰는 잠재력이 있다는 선생님 말씀은 잘 믿어지지가 않았다. 하지만 웅변대회 나가라고 하는 것보다 훨씬 낫다는 말씀은 백번 맞는 말이다.

내 안에 숨어 있는 힘_잠재력

재영이의 고민

재영이는 차라리 두 손 들고 벌을 서는 편이 낫겠다고 생각했다. 리포터만 아니라면 뭐든지 할 수 있었다.

'지금 당장 학교로 와.'

신동이 문자를 보냈다. 다른 아이들도 다 온다며 빨리 서두르라고 했다.

재영이가 보고 있던 인쇄물을 한쪽으로 밀쳐놓고 학교로 가 보니 이미 진우와 현주가 와 있었다. 진우와 현주가 화해했는지 문득 궁금해졌다. 가까이 다가가 보니 아직도 현주는 화가 덜 풀렸는지 뾰로통한 얼굴이었다.

"얘들아!"

뒤쪽에서 누군가 소리쳤다. 찬식이가 뛰어오고 있었다.

"다들 와 있었네?"

찬식이가 헉헉거리며 말했다.

"다 오긴 누가 다 와? 먼저 나오라고 한 애는 코빼기도 안 보이는데."

"맞아, 코빼기도 안 보여."

현주가 투덜거리자 진우가 맞장구를 쳤다. 현주가 인상을 팍 쓰며 진우를 째려보았다. 진우는 무안해서 얼른 말을 돌렸다.

"아, 덥다. 벌써 여름인가?"

"근데 왜 나오라고 한 거야?"

"내가 아냐?"

"아, 저기 온다."

신동이 느릿느릿 교문으로 들어서고 있었다.

"야, 너 뭐야?"

"사람 먼저 오라 불러 놓고, 넌 이제 오냐?"

신동은 아이들의 불만은 들은 척도 하지 않았다.

"아무리 생각해 봐도 이건 안 되겠어. 이거 가지고 창희네 모둠을 이길 수는 없다고."

지난번에 아이들이 낸 아이디어가 모두 마음에 들지 않은 모양이었다.

"그냥 각자 하나씩 맡아서 책임지고 기사를 올리는 걸로 하자니까. 우리가 다섯 명이고 공룡 알에 올릴 기사도 다섯 꼭지니까 딱 맞잖아."

진우의 말에 신동은 고개를 가로저었다.

"반드시 창희네 모둠보다 조회 수가 높아야 한단 말이야. 난 지고는 못 살아, 안 돼."

"이제 시간도 별로 없는데, 그럼 어떡해?"

"나한테 좋은 생각이 있어."

신동은 교장 선생님을 인터뷰하자고 했다.

"교장 선생님은 우리하고는 좀 멀게 느껴지는 분이잖아. 그래서 이번에 교장 선생님에 대해서 낱낱이 알아보는 거야. 우리 학교 아이들 모두 교장 선생님을 알고 있지만, 실제로 교장 선생님에 대해서 알고 있는 게 없으니까. 어렸을 때 사진을 올려놓고, 퀴즈를 내는 거야. 누구인지 맞히는 사람에게 선물을 준다고 하면 아이들한테 인기 폭발일걸?"

신동이 신이 나서 설명했다.

"교장 선생님 인터뷰라면서 사진이 누구인지 맞히라면 누구든지 다 맞히잖아? 아무리 어렸을 때 사진이라도."

"그 선물은 누구 돈으로 사서 주는 건데? 나 돈 없어."

아이들의 반응은 시큰둥하기만 했다.

"그런 건 걱정 안 해도 돼. 다 내가 알아서 할 테니까."

아이들은 썩 마음에 들지 않았지만, 조장인 신동의 의견에 그냥 따르기로 했다. 재영이도 마찬가지였다. 재영이 머릿속은 온통 백일장으로 꽉 차 있었기 때문에 공룡 알을 생각할 여유가 없었다. 지금도 아까 보던 인쇄물 생각만 났다. 독후감 대회와 백일장에 나가서 상 받은 작품만 모은 것인데 빨리 집으로 가서 마저 읽고 싶었다.

"그럼 내가 시키는 대로 해."

신동은 나머지 꼭지의 아이템도 자기 마음대로 정해 버렸다. 그러곤 아이들에게 그에 맞는 자료 조사를 해 오라고 지시했다. 아무도 투덜거리지 않았다. 현주도 불만이 없어 보였다.

"너희들 준비 잘해 와야 해. 내가 오늘은 떡볶이를 쏘지만, 우리가 일등하면 피자를 쏠 테니까."

"와!"

아이들은 좋아하며 신동 뒤를 졸졸 따라가 떡볶이를 맛있게 먹었다. 떡볶이를 먹고 집으로 돌아온 재영이는 밀쳐놨던 인쇄물을 다시 읽기 시작했다.

며칠 뒤 자료 조사를 해 오기로 한 날이었다.
"야, 너 뭐야?"
신동이 대뜸 큰소리를 쳤다. 재영이가 자료 조사를 그만 깜빡 잊은 것이다. 찬식이도 얼굴을 잔뜩 찌푸렸다.
"미안해."
재영이가 기어 들어가는 목소리로 사과했다.
"인터넷 검색창에 단어만 쳐도 웬만한 건 다 찾을 수 있는 건데 너무 성의 없잖아?"
"……"

재영이는 할 말이 없었다.

"어떡할 거야? 너 때문에 우리 못 하잖아."

찬식이가 짜증을 부렸다.

"미안해."

재영이의 목소리는 모깃소리만 했다.

"너무 그러지 말고, 내일까지 해 오라고 하자."

"그래, 이번 한 번만 봐주고, 내일까지 해 오라고 해."

현주랑 진우가 나서 주었다.

"미안해."

재영이는 두 친구가 고마웠다. 신동은 답답하다는 듯이 자기 가슴을 두드렸다.

"너 이번 한 번만 봐줄 테니까, 내일은 꼭 해 와야 해."

재영이는 고개를 끄덕였다.

"그럼 우선 조사해 온 것만 가지고 얘기해 보자."

아이들은 모두 머리를 맞대고 공룡 알을 어떻게 꾸밀지에 대해

진지하게 의논하기 시작했다.

　토론이 끝나고 재영이는 집으로 돌아오자마자 컴퓨터 앞에 앉았다. 이번에는 친구들을 실망시키고 싶지 않았다. 오늘 밤을 새워서라도 자료를 완벽하게 준비해 가야겠다고 결심했다.

"이 정도면 괜찮겠지?"

　자료 준비를 마치고 고개를 들어 보니 새벽 한 시가 넘어 있었다. 재영이는 깜짝 놀랐다. 이렇게 시간이 많이 갔는지도 몰랐다. 책상에서 일어나는데 몸이 더할 나위 없이 무겁고 찌뿌드드했다. 하지만 해야 할 일을 다 했다고 생각하니 오히려 기분은 상쾌했다.

　다음날 아침, 잠을 충분히 못 잔 탓에 재영이는 겨우 일어났고, 학교에서도 수업 시간에 꾸벅꾸벅 졸았다. 연신 하품이 나오고 정신이 멍했다.

　현주가 재영이의 옆구리를 쿡쿡 찌르며 속삭였다.

"재영아, 정신 차려. 선생님이 너 보신다."

재영이는 화들짝 놀라 정신을 차렸지만 일 분도 지나지 않아 눈꺼풀이 내려왔다.

"왜 그래, 너? 어제 잠 못 잤어?"

"어, 자료 조사 하느라고 좀 늦게 잤더니 진짜 졸려."

다행히 선생님한테 걸리지는 않았지만 재영이는 하루 종일 피

곤해서 기운이 없었다.

수업이 끝나고 모둠 토론 시간이 되었다. 재영이는 자신 있게 어제 찾은 자료를 신동에게 건네주었다. 신동은 마치 선생님처럼 재영이가 해 온 자료를 훑어보았다.

"뭐야? 이게?"

잔뜩 기대하면서 기다리던 재영이는 신동의 반응이 실망스러웠다.

"왜? 뭐가 잘못됐어?"

"에이, 이건 아니지."

"어디 봐."

찬식이가 신동에게서 자료를 낚아채 갔다.

"이건 내가 말했던 거랑 다르잖아?"

재영이는 신동과 찬식이를 번갈아 보았다. 찬식이는 자료를 건성으로 휘리릭 넘겨 보고 있었다.

"어디 나도 좀 보자."

현주가 찬식이에게서 자료를 빼앗아 꼼꼼하게 들여다보았다. 진우가 슬그머니 현주 옆으로 다가가 현주가 들여다보는 자료를 함께 넘겨 보았다.

"잘해 왔는데 뭐."

현주가 말했다.

"그래, 이 정도면 잘했는데."

진우도 거들어 주었다.

"잘해 오면 뭐하냐? 내가 말한 게 아닌데."

"맞아, 신동이 말한 게 아니야."

찬식이가 신동의 말을 따라 했다.

"우리가 일등 해야 하는데 이런 거로는 어림도 없다고."

"맞아, 이런 거로는 일등을 할 수가 없지."

찬식이가 또 얄밉게 신동의 말을 따라 했다.

재영이는 갑자기 눈물이 핑 돌았다. 잠도 못 자고 준비를 해 왔는데, 친구들한테 이런 반응이 나올 줄은 정말 몰랐다.

"야, 그래도 재영이는 이거 조사하느라고 어제 잠도 못 자고 그랬다는데, 잘했다고 칭찬은 못해 줄망정, 정말 너무들 하는 거 아니니?"

역시 현주였다. 현주가 아니었으면 재영이는 부끄럽고 속상해서 울음이라도 터뜨릴 뻔했다. 다들 아무 말도 하지 않았다.

한참 뒤 신동이 입을 열었다.

재영이의 고민

"할 수 없지, 뭐. 그럼 이렇게 하자."

그 말에 모두들 신동을 바라보았다.

"리포터를 해."

재영이는 신동의 말뜻을 잘 이해하지 못했다.

"교장 선생님을 인터뷰할 때, 재영이 네가 리포터를 하는 거야."

"야, 그거 좋은 생각이다."

찬식이가 대번에 찬성했다.

"재영이가?"

현주가 좀 놀라서 되물었다.

"이제 시간도 별로 없어서 더 이상 기회를 줄 수는 없어. 그래서 여기서 직접 할 수 있는 일을 맡기면 좋을 것 같은데, 너희들 의견은 어때?"

"나야, 당근 찬성이지."

"넌?"

"나도 찬성이야."

"모두들 그렇다면 나도 뭐."

아이들이 모두 동의했다.

"그럼 이게 마이크라고 생각하고 연습 한번 해 봐."

신동이 재영이에게 연필을 내밀었다. 재영이는 얼떨결에 연필을 받아 들었다.

"그럼 난 휴대 전화로 찍을게."

찬식이가 휴대 전화를 꺼내 들고 재영이를 촬영하기 시작했다. 얼마 전까지는 진우가 현주를 괣리더니, 이제는 찬식이가 재영이를 대놓고 놀리고 있었다. 재영이는 어쩔 줄을 몰라 하며 현주를 보았다.

"그래, 재영아 한번 해 봐."

현주가 주먹을 쥐어 보이며 자그맣게 파이팅을 외쳤다. 친구들 모두 해 보라고 재촉하는 바람에 재영이는 마른침을 꿀꺽 삼키고 연필 쥔 손을 입가로 가져갔다.

"……."

가슴이 두근거리고 목구멍이 콱 막혔다. 얼굴은 빨개지고 머릿속은 새까맣게 비워졌다. 한마디 말도 떠오르지 않았다.

"어서 해 보라니까."

"안녕하세요? 오늘은 우리 학교 교장 선생님을 만나서 얘기해 보는 시간을 갖도록 하겠습니다."

걱정스레 지켜보던 현주가 따라해 보라며 말해 주었다.

재영이는 용기를 내서 입을 열었다.

"아, 안녕하세요? 오늘은……."

거기까지 따라 말하고 재영이는 입을 꾹 다물고 말았다. 아, 어쩌자고 목소리가 이렇게 파르르 떨리는 걸까. 연필 쥔 손은 또 왜 이렇게 사시나무 떨듯 떨리는 거고. 재영이는 마구 떨리는 두 손을 마주 꽉 잡아 봤지만, 오히려 두 손의 힘이 합쳐져 더욱 크게 흔들렸다. 손바닥은 이미 땀에 젖어 축축했다. 친구들 앞에서 떨고 있다는 생각에 재영이는 몹시 창피했다.

"야, 그거 하나 못하냐?"

찬식이였다.

"넌 무슨 말을 그렇게 하니?"

현주가 나서 주었다.

"그렇게 자신 있으면 네가 한번 해 봐. 자기는 얼마나 잘 한다고."

현주가 휴대 전화를 꺼내 들고는 찬식이의 얼굴 앞에 바짝 들이댔다.

"어서 해 보라니까."

그러자 진우도 휴대 전화를 꺼내서는 현주와 마찬가지로 찬식이에게 들이댔다. 갑작스런 친구들의 태도에 찬식이는 조금 당황한 듯하더니 곧 커다랗게 헛기침을 했다.

"이까짓 거야 뭐. 어험! 안녕하세요? 저는 양서초등학교 6학년 2반 조찬식입니다. 어, 이번에, 어, 교장 선생님과 어…… 뭐였지?"

"흥! 고작 그거야?"

현주가 톡 쏘아 주었다. 진우랑 신동이 킥킥댔다.

"넌 어떻게 시작도 못하냐?"

"아이참, 왜 생각이 안 나지? 이거 생각보다 어렵네."

찬식이가 뒷머리를 긁적였다.

"거봐. 자기도 못하면서."

현주가 찬식이에게 보란 듯이 눈을 흘겨 주었다. 재영이는 현주가 고마웠다. 하지만 그렇다고 해서 리포터를 잘 해낼 자신이 갑자기 생겨나는 것은 아니었다. 찬식이도 마이크를 잡으면 말을 잘 못하는데 자신은 오죽할까 싶었다.

재영이는 차라리 두 손 들고 벌을 서는 편이 낫겠다고 생각했다. 화장실 청소를 하라면 하고, 친구들 심부름을 하라고 하면 얼마든지 할 수 있었다. 리포터만 아니라면 뭐든지 할 수 있었다.

"재영아, 종이에다가 미리 할 말을 다 써 놓고 그걸 슬쩍슬쩍 보면서 해 봐."

현주가 요령을 알려 주었다.

재영이는 현주가 알려 준 대로 종이에 미리 할 말을 적었다. 그러곤 글자 하나 틀리지 않게 달달 외웠다. 그러나 친구들이 휴대 전화 카메라를 얼굴 앞에 들이대면 외웠던 내용은 흔적도 없이 사라졌다. 종이는 들여다 볼 생각도 하지 못했다. 마이크 대신 연필 잡은 오른손과 종이를 쥔 왼손이 서로 춤이라도 추듯이 사이좋게 부들부들 떨리고만 있었다.

몇 번을 반복해도 마찬가지였다. 오히려 할 때마다 더 버벅거렸다. 리포터 하는 일이 쉽지만은 않다고 이해해 주었던 친구들도 조금씩 지치

더니 급기야 짜증을 내기 시작했다. 못해도 저렇게 못할 줄은 몰랐다는 표정들이었다. 현주마저 답답하다는 듯 한숨을 내쉬었다. 재영이는 완전히 의기소침해졌다. 친구들에게 아무런 도움도 되지 못한다고 생각하니 자신이 한없이 미워졌다. 그냥 울고만 싶었다.

내 안에 숨어 있는 힘_잠재력

나도 잘하는 게 있다고

온 가족이 둘러앉아 저녁밥을 먹을 때 재영이가 말했다.
"엄마, 우리 선생님이 내가 글을 아주 잘 쓴대."

선생님, 안녕하세요? 저 재영이에요.

선생님이랑 메일을 주고받을 수 있어서 정말 다행이에요. 선생님 말씀이 정말 맞는 것 같아요. 저는 말로 할 때보다 글로 쓸 때 제 생각을 더 잘 얘기할 수 있거든요. 이상하게 말로 할 때는 머릿속이 텅 비어 무슨 말을 해야 할지 하나도 모르겠어요. 우물쭈물거리는 제 모습을 친구들이 보고 있다고 생각하면 쥐구멍에라도 들어가고 싶어요.

전 정말 멋있어 보이고 싶거든요. 그런데 바보 같은 모습만 보이니까……. 사람들이 다 저를 바보라고 생각할 거예요. 저도 제

자신이 마음에 안 들어요.

　공룡 알에서 제가 리포터를 하게 됐는데요, 전 정말 자신이 없어요. 저희 모둠 친구들한테도 피해만 끼치고, 도움도 안 되고. 도움은커녕 제가 맡은 일도 못하는걸요.

　저도 정말 잘하고 싶지만 안 되는 걸 어떡해요? 선생님, 제발 부탁이에요. 저 좀 도와주세요.

재영이는 몇 시간에 걸쳐 메일을 썼다. 쓰고 지우고, 다시 쓰고 또 고치고 그랬다. 그러고도 한참이나 망설인 끝에 용기를 내어 선생님에게 메일을 보냈다.

메일을 보낸 지 30분도 지나지 않아 선생님으로부터 답장이 왔다. 재영이는 얼른 메일을 열어 보았다.

재영이에게 그런 고민이 있었구나. 걱정 마라. 재영이가 시간을 가지고 자신감을 회복할 수 있도록 맨 마지막 모둠으로 바꿔 줄게.

모든 걸 다 잘하고 또 모든 걸 다 못하는 사람은 없다고 선생님이 말해 줬지? 아무리 뛰어난 천재라도 못하는 게 하나 이상은 반드시 있단다. 이런 말 하기 부끄럽지만 선생님한테도 있어. 하나가 아니라 좀 많지. 그러니까 재영이가 자신 없는 일에 대해 너무 그렇게 심각하게 받아들이지 않아도 돼.

"왜 나는 못하지?"

이 걱정만 하다 보면 점점 자신감이 없어져서 나중에는 모든 일에 다 자신이 없게 돼. 그럼 좀 억울하잖아. 재영이도 잘하는 게 있는데. 재영이는 글을 아주 잘 쓰잖아.

앞으로는 재영이가 자신 있는 것만 하도록 하자! 그럼 자신감이 생기고, 그 자신감은 재영이의 습관이 되어서 결국에는 자신 없어 하는 것에도 조금씩 자신이 생기니까. 알겠니? 자신감도 습관이라는 걸!

그럼 부끄럼쟁이의 자신감 회복 훈련법 하나 알려 줄까?

가족들하고 노래방에 가서 꽥꽥 소리 지르고 춤추면서 노래를 하는 거야. 친구들끼리 가서 친구 앞에서 목청껏 소리를 질러도 괜찮고. 너희끼리 가기 뭐하다면 선생님을 초대해. 언제든지 달려갈게. 선생님 노래 아주 잘하거든. 하하.

선생님의 답장을 다 읽자 재영이는 안심이 되었다. 재영이는 선생님이 고마웠다. 재영이의 고민을 선생님이 다 가져간 것 같았다.

"이히히."

저도 모르게 웃음이 나왔다. 재영이는 방문을 와락 열어젖히고 주방으로 달려가 엄마를 뒤에서 끌어안았다.

"엄마!"

저녁 준비를 하고 있던 엄마가 웃으며 돌아보았다.

"애가 갑자기 왜 이래?"

"히히."

"아까는 풀이 잔뜩 죽어 있더니, 지금은 또 싱글벙글이고."

"헤헤헤."

"어머머? 애가. 호호호."

엄마도 재영이를 따라 웃었다. 엄마가 예쁘게 웃는 모습이 좋아서 재영이의 기분은 더 좋아졌다. 엄마와 재영이는 서로 얼굴을 마주 보고 큰 소리로 웃었다.

온 가족이 둘러앉아 저녁밥을 먹을 때 재영이가 말했다.

"엄마, 우리 선생님이 내가 글을 아주 잘 쓴대."

"정말?"

"응, 진짜야. 선생님이 얼마나 칭찬을 해 주셨는데."

"너희 선생님이 우리 재영이를 볼 줄 아는구나."

할머니가 재영이를 보고 고개를 끄덕거렸다. 재영이는 할머니에게 활짝 웃어 보였다.

"그래서 이번 어린이날 백일장에도 나가라고 한 거거든."

"우리 재영이 요새 그거 준비하느라고 바쁘다며?"

아빠가 말했다.

"그땐 선생님이 왜 그런 거 시키는지 모르겠다고 투덜대더니 이젠 선생님 말씀을 인정하는 거네?"

"왜냐하면 나도 그렇게 생각하거든. 나도 잘하는 게 있다고."

재영이가 어깨를 으쓱해 보였다.

"그럼. 우리 재영이가 잘하는 게 얼마나 많은데."

할머니가 재영이 말에 맞장구를 쳤다.

"그래, 한번 열심히 해 봐. 아빤 뭐든지 열심히 하는 사람이 제일 좋더라."

"응, 아빠. 그리고 선생님이 노래방에 가래."

"노래방? 웬 노래방?"

엄마, 아빠는 눈이 휘둥그레져서 재영이를 보았다.

"그런 게 있어. 선생님이 노래방에 가라고 그러셨으니까, 우리 밥 먹고 노래방 가는 거야. 알았지? 할머니, 우리 노래방 가요, 네?"

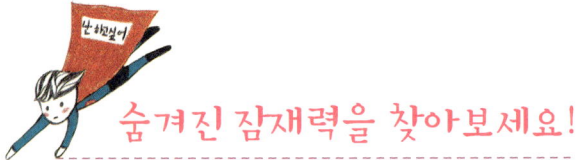

숨겨진 잠재력을 찾아보세요!

잠재력은 어떻게 찾아야 할까요? 이제 잠재력을 찾는 방법을 알려 줄게요. 한번 따라해 보면서 자신의 숨겨진 잠재력을 찾아보세요!

칭찬 일기와 반성 일기 쓰기

a. 매일 하나 이상 잘했던 것과 잘 못했던 것을 적는다.
b. 일주일 단위로 모아 놓고 그동안 쓴 칭찬 일기와 반성 일기의 내용을 살펴본다.
   칭찬 일기의 내용은 자신의 강점이고, 반성 일기의 내용은 자신의 약점이다.
c. 강점을 살린다.
d. 약점을 잘 분석하여 같은 잘못을 되풀이하지 않도록 주의한다.
   잠재력을 키우는 데는 이 단계의 노력이 가장 중요하다.
e. 위의 과정을 몇 달, 몇 년을 거치면 수백 개의 경험이 쌓여 곧 자신의 훌륭한 자산이 된다.

여러 가지 활동에 도전해 보기

a. 앞에서 얘기한 8개의 지능에 맞는 활동을 다양하게 수행해 본다.
   흥미가 있거나 잘하는 영역을 찾아낸다.
b. 그 영역에서 중요한 학습 모델이 되는 어른을 만나 본다.
   같이 일하는 경험을 하게 된다면 더욱 좋다.
c. 영역에 맞는 대외 활동에 지속적으로 참여한다.
d. 역할 놀이 또는 가장 행렬을 해 본다.
   예를 들어, 피겨스케이터가 꿈이라면, 마치 자신이 김연아 선수인 것처럼 스케이트를 타 본다. 이미 꿈을 이룬 사람처럼 생각하고 행동해 보는 것이다.

part 3
도전은 즐겁다

　에디슨은 백열전구를 발명하려고 노력했지만 매번 실패만 했다. 무려 1,200번이나 실패를 거듭하자 누군가 이렇게 말했다.
　"되지도 않는 일 그만두는 게 좋을 듯하오. 1,200번이나 실패하면 성공할 가능성이 전혀 없는 거요. 쓸데없이 시간과 돈을 낭비하지 말고 이제부터라도 먹고살 만한 일을 찾아서 하는 게 어떻소?"
　그러자 에디슨은 이렇게 대꾸했다.
　"하하하, 전 벌써 성과를 얻었는걸요. 적어도 지금까지 실험했던 1,200번의 방법, 1,200개의 재료로는 결코 백열전구를 만들 수 없다는 사실을 증명하지 않았습니까?"
　그 사람은 기가 막혀 고개를 절레절레 흔들고 그 자리를 떠났다.
　하지만 에디슨은 1,200번의 성과를 토대로 마침내 백열전구를 발명해 냈다.

내 안에 숨어 있는 힘_잠재력

재영이의 욕심

"나도 친구들에게 인기가 있었으면 좋겠어."
"적어도 신동의 기사보다는 조회 수가 많았으면 좋겠어……."

어린이날 백일장이 무사히 끝났다. 걱정을 많이 한 만큼 준비도 열심히 했지만 재영이는 아쉬운 마음이 들었다. 상을 탈 자신도 별로 없었다. 어떻게 글을 써 냈는지 기억도 잘 나지 않았다.

글짓기를 마치고 나서 재영이는 엄마, 아빠와 공원을 둘러보았다. 마침 백일장이 열리는 곳이 공원이어서 구경거리가 많았다.

"재영이 올해가 마지막 어린이날이네?"

엄마가 말했다.

"그러니까 오늘은 실컷 놀아라."

아빠가 뭐든지 다해 줄 수 있다는 표정으로 재영이를 보았다.

하지만 재영이는 고개를 가로저었다.

"이젠 그만 가요. 할머니 혼자 계시잖아."

재영이는 집에 혼자 계신 할머니를 생각했다. 도우미 아줌마가 있지만 그래도 가족이 곁에 없으니 할머니가 심심해하실 것 같았다. 아무리 마지막 어린이날이라고 해도 할머니를 쏙 빼놓고 셋이서만 재미있게 노는 건 미안한 일이었다.

"우리 재영이 다 컸네."

"벌써 어린이를 졸업한 거 같은데."

엄마와 아빠는 재영이를 칭찬해 주었다.

집으로 돌아오자마자 재영이는 할머니 방으로 달려갔다.

"할머니!"

마치 오래 떨어져 있었던 것처럼 할머니가 반가웠다.

"어이쿠, 우리 강아지, 왜 이렇게 일찍 왔어?"

"히히, 할머니가 보고 싶어서요."

"그새 할미가 뭐 보고 싶다고. 오늘 어린이날인데 좀 실컷 놀다 오지 않고."

말씀은 그렇게 해도 할머니는 일찍 돌아온 재영이가 반가운 눈치였다.

이제 할머니는 몸 상태가 꽤 좋아져 혼자 일어나 앉을 수도 있고, 휠체어를 타고 혼자 화장실도 갈 수 있었다.

"백일장 끝나고 많이 놀았어요"

"수고했구나, 우리 재영이."

할머니가 재영이의 등을 토닥거렸다.

할머니에게서 익숙한 냄새가 났다. 어렸을 때부터 맡아 오던 그리운 냄새였다.

할머니는 깔끔한 걸 좋아해서 아프기 전에는 매일 목욕을 하고, 옷을 갈아입었다. 병으로 쓰러지고 나서는 엄마가 대신 할머니를 목욕시켜 드리고, 옷도 갈아입혀 드렸지만 할머니에게서는 이상하게 약 냄새가 풍겼다.

그런데 이제는 약 냄새 대신 다시 옛날 할머니 냄새가 났다. 재영이는 이제야 비로소 진짜 할머니를 되찾은 것 같았다.

"할머니."

"원, 녀석도."

재영이가 아기처럼 할머니에게 매달리자 할머니가 호호호 웃었다.

"할미가 그렇게 좋으냐?"

"그럼요, 할머니. 전 할머니가 제일 좋아요."

"호호호. 이 할미도 우리 재영이가 최고다. 세계 최고야."

재영이와 할머니는 서로를 꼭 끌어안았다.

"근데, 할머니 나 상 못 받으면 어떡하지?"

"받고 싶냐?"

"네, 저 정말 열심히 준비했거든요."

"우리 재영이 열심히 준비한 거 이 할미가 다 알지."

"그럼 저, 상 받을 수 있겠죠?"

"그럼 받을 수 있고말고. 할미가 심사 위원이라면 당연히 우리 재영이한테 상을 주지. 암 주고말고."

"히히, 우리 할머니가 심사 위원이라면 좋겠다."

할머니와 재영이는 얼굴을 마주 보고 큰 소리로 웃었다.

며칠 뒤 드디어 신동네 모둠 기사가 올라왔다. 재영이는 서둘러 공룡 알에 들어가 신동이 올린 기사를 찾았다. 그러곤 기사를 읽기 전에 먼저 조회 수부터 살폈다.

"에계계, 요거밖에 안 돼?"

아직 시간이 얼마 지나지 않은 탓인지 조회 수는 많지 않았다. 재영이는 틈날 때마다 공룡 알을 들락날락거렸다. 신동네 기사의 조회 수를 알아보기 위해서였다. 며칠이 흘러도 조회 수는 그다지 늘지 않았다. 기대와는 달리 아이들 반응은 시큰둥하기만 했다.

"웬 교장 선생님?"

"뭐냐, 이게?"

교장 선생님에게 관심 있는 아이들은 별로 없었다. 다만 교장 선생님의 어릴 적 사진만은 약간 흥미를 끌었다. 흑백 사진 속의 까까머리 소년이 교장 선생님이라는 사실이 잘 믿기지 않아서 신기하기조차 했다. 선생님이 된 후 첫 부임지가 재영이네 초등학교라는 사실도 새로 알게 됐지만, 그렇다고 창희네 모둠 기사의 조회 수를 능가하지는 못했다.

인기가 폭발할 거라며 큰소리 탕탕 쳤던 신동은 아이들 반응을 믿을 수 없어 했다. 그러곤 아이들이 어리고 수준이 낮아서 자기가 쓴 기사를 이해하지 못한다고 아이들을 탓했다.

신동은 아이들 반응이 뜨뜻미지근한 데에는 담임 선생님 탓도 있다고 생각했다. 왜냐하면 담임 선생님이 조회 수를 늘리기 위해 상품을 준다는 게 옳지 않다며 경품을 걸지 못하게 했기 때문이다. 신동은 경품 계획을 눈물을 머금고 포기해야만 했다.

"내 계획대로만 됐어도 내가 일등하는 거였어."

미련을 버리지 못한 신동이 입술을 비죽거렸다.

하지만 아이들이 결정적으로 신동의 기사를 탐탁지 않게 여긴 이유는 신동의 자기 자랑 때문이었다. 신동이 공부를 잘한다는 사실을 모르는 아이들은 없었다. 그런데 새삼스레 공룡알 기사

에 과학 경시대회, 초등 수학 올림피아드, 과학 발명품 경진 대회, 스도쿠 대회 등등 온갖 대회란 대회에 나가서 상을 휩쓸어 왔다고 자랑해댔으니 아이들이 신동의 기사를 좋아할 리 없었다.

"흥, 잘난 척은."

"극한의 자랑질이네."

시샘하는 마음 때문에 일부러 관심을 주지 않으려는 아이들도 있었다.

신동의 계획은 물거품이 되었다. 공룡 알에 올라온 기사 가운데 가장 조회 수가 낮았다. 아직 뒤에 모둠 순서가 많이 남아 있기는 하지만 신동으로서는 처음으로 맛보는 꼴찌 경험이었다.

잔뜩 얼굴을 찌푸린 신동을 보자 재영이는 은근히 고소하다는 생각이 들었다.

"쌤통이다."

남몰래 중얼거리니 저절로 웃음이 비어져 나왔다.

"킥."

누가 들을세라 손으로 입을 막다가 현주의 시무룩한 얼굴을 보게 되었다. 갑자기 미안한 마음이 생겼다. 현주도 신동과 같은 모둠이 아닌가. 재영이는 현주가 자신이 웃었다는 걸 알아차리면 어떡하나 걱정이 되었다.

"현주야, 미안해."

입속말로 조그맣게 중얼거렸다. 괜히 얼굴이 화끈거리는 것 같았다. 재영이는 잠깐 삐뚤어진 생각을 품었던 것이 부끄러웠다.

현주는 재영이가 마지막 순서의 모둠으로 바꿀 때 많이 아쉬워했었다. 막상 모둠을 바꾸게 되자 재영이도 좀 섭섭했다. 특히 현주와 떨어지게 되어서 많이 서운했고, 또 미안했다. 하지만 다른 아이들은 떨떠름한 표정을 한 채, 재영이가 모둠을 바꾸는 것에 대해 이렇다 저렇다 아무 말도 하지 않았다.

새 모둠은 순서가 마지막이어서 준비 시간에 여유가 있었다. 그래서 아직 어떤 기사를 올릴지 정하지 않았다. 자신만만했던 신동네 기사가 신통치 않게 끝나자, 재영이는 한편으로 새 모둠에서 잘할 수 있을지 은근히 걱정이 되었다. 솔직히 재영이도 창희네보다 훨씬 더 재미있고 인기 있는 기사를 쓰고 싶었다.

"나도 친구들에게 인기가 있었으면 좋겠어."

그 마음은 진짜였다.

"적어도 신동의 기사보다는 조회 수가 많았으면 좋겠어……."

재영이는 아주 재미있고 흥미로운 기삿거리가 뭐 없을까 여러 가지로 궁리하기 시작했다.

 수업이 끝나고 동네 이곳저곳을 혼자 돌아다니던 재영이는 산자락 아래에서 이상한 현장을 보게 되었다. 늘 다니던 길에서 좀 떨어져 있는 곳이었다.
 "어? 저게 뭐지?"
 재영이는 곧장 그곳으로 가 보았다.
 "뭐 하는 거지?"
 땅바닥에 커다란 구덩이가 여러 개 파여 있었다. 네모난 구덩이는 아이들이 열 명도 더 넘게 들어가 놀아도 될 정도로 넓었고, 깊이는 꽤 깊어서 들어가면 한번에 올라오기 어려워 보였다. 구덩이의 네 변을 따라 하얀 줄이 네모반듯하게 쳐 있었고, 산자락 바로 아래에 거대한 노란 굴삭기가 당장이라도 흙을 퍼 담아 올리려는 기세로 서 있었다.
 "집 짓나?"
 땅 파고 집 짓는 현장은 지나다니면서 많이 봤었다. 그런데 여기처럼 구덩이만 여러 개 파놓은 모습은 처음 본다. 재영이는 주위를 두리번거리다 팻말을 발견했다.

'가람대학교 문화재 연구소 유물 발굴단'

"유물?"

갑자기 튀어나온 '유물'이라는 낱말이 재영이의 호기심을 강하게 끌어당겼다.

'여기에 보물이라도 묻혀 있다는 말일까?'

문득 아파트 공사 현장에서 신석기 시대 돌도끼를 발견했다거나 금가락지, 금귀고리, 금동신발 등 백제 시대 유물이 대량 출토되었다는 소식을 보도하던 뉴스 내용이 생각났다. 재영이는 저도 모르게 땅바닥을 겅중거렸다. 보물들이 묻혀 있는 땅을 함부로 밟고 있어서는 안 될 것 같은 마음이 들어서였다.

팻말이 세워져 있는 옆으로는 커다란 컨테이너 두 개가 나란히 놓여 있었다. 문이 슬쩍 열려 있어서 안이 보였다. 재영이는 슬금슬금 다가가 보았다. 바닥에 신발이 여러 켤레 놓여 있었고, 더 안쪽으로는 탁자 다리 같은 것도 보였다. 더 이상은 보이지 않았다. 열려진 문에는 발이 길게 드리워져 있었다.

사람들이 컨테이너를 들락날락거렸다. 하얀 가운을 입은 언니, 오빠들이었다. 아마도 유물을 발굴하러 나온 가람대학교 학생들인 모양이었다. 재영이의 눈은 왔다 갔다 하는 언니, 오빠들을 줄

곧 따라다녔다. 한 언니가 종이 상자를 들고 옆의 컨테이너로 들어갔다가 잠시 뒤에 빈손으로 나왔다. 어떤 오빠가 솥을 들고 나오더니 수돗가로 가서 바닥에 지팡이처럼 꽂혀 있는 수도꼭지를 틀었다. 콸콸, 물이 쏟아졌다. 솥에 물을 받은 오빠가 손으로 휘휘 젓고는 물을 도로 따라 버렸다. 물 색깔이 허연 걸 보니 쌀을 씻는 모양이었다.

"밥 해 먹으려고 그러나 봐."

거기에 수도가 있는 게 신기했다. 수돗가 주변에 세숫대야랑 비누, 샴푸, 치약 같은 것들이 놓여 있어서 캠핑 온 것처럼 보이기도 했다. 언니 오빠들은 이곳에서 먹고 자고 하는 모양이었다. 낮에는 유물을 발굴하고, 저녁에는 밥도 해 먹고 빨래도 하는 것 같았다. 컨테이너 뒤쪽으로 빨랫줄에 널린 빨래가 봄바람에 따라 너울너울 춤추는 모습이 언뜻언뜻 보였다. 길가에 세워져 있는 승합차 앞 유리에 '문화재 조사 차량'이라는 쪽지도 붙어 있었다.

재영이는 돌연 다른 세상에 온 듯한 기분이었다. 마냥 신기하게만 여겨져서 한참 동안 그곳에서 떠날 줄을 몰랐다.

내 안에 숨어 있는 힘_잠재력

위대한 유산

분명히 저 땅속에 있다는 걸 알거든.
우리 조상들이 남긴 유물들이 말이야. 아직 못 찾았을 뿐이지.

"얘!"

누군가 부르는 소리가 났지만 재영이는 알아차리지 못했다.

"얘!"

목소리가 또 들렸다. 퍼뜩 정신을 차린 재영이는 소리가 난 쪽으로 고개를 돌렸다. 산을 넘어가는 해의 긴 그림자가 이쪽으로 드리워져 있었다. 주황빛 노을 때문에 재영이의 눈이 저절로 찡그려졌다. 재영이는 눈을 비벼 대며 자신을 부른 사람을 뚫어져라 쳐다보았다. 여자인지 남자인지 잘 구분이 되지 않았다.

"안녕?"

인사를 건네며 성큼 앞으로 다가온 사람은 흰 가운을 입은 언니였다. 재영이는 자신도 모르게 뒷걸음질쳤다.

"먹을래?"

언니가 아이스크림 하나를 내밀었다. 재영이는 도리질을 쳤다.

"괜찮아, 먹어. 자."

언니는 재영이의 손에 억지로 아이스크림을 쥐어 주었다.

"벌써 여름인가 봐. 아유, 더워."

언니는 재영이 옆에 서서 아이스크림을 한입 크게 베어 먹었다. 재영이는 망설이다 포장지를 벗겨 내고, 아이스크림을 입에 넣었다. 아이스크림의 차갑고 달콤한 맛이 입 안에 퍼졌다.

"맛있지?"

재영이는 고개를 끄덕였다.

매일 같이 와서 지켜보곤 했기 때문에 언니의 얼굴은 낯이 익었다. 하지만 이렇게 말을 해 보기는 오늘이 처음이다.

"유물 발굴에 관심이 많은가 봐."

재영이가 흘깃 언니를 올려다보았다.

"하루도 안 빠지고 와서 지켜보니까."

"……"

"뭔가 근사한 거라도 나와 줘야 안 지루할 텐데. 매일 휑한 구덩이만 보기도 좀 지겹지?"

언니는 콧구멍을 벌름거렸다.

"이를테면 신라 시대 여왕이 쓰던 청동거울이 나와 준다든가 어느 사대부 집 마나님이 입던 비단 치맛자락이 발견된다거나 하다못해 보통 사람들이 쓰던 놋쇠 숟가락이라도 나와 줘야 땅 파고 헤집고 다니는 재미가 있을 텐데, 이거야 원 매일 맨땅에 헤딩하는 꼴이니……."

"킥."

재영이의 입에서 웃음이 새어 나왔다.

"내 말이 맞지?"

언니가 장난스런 표정을 지었다. 재영이는 소리 내어 하하하 웃다가 그만 수줍어서 입을 다물었다.

"몇 학년이야?"

"6학년이에요."

"저기 양서초등학교?"

"네."

"내년이면 중학생이 되네?"

재영이는 고개를 끄덕였다.

"궁금해?"

"네? 뭐가요?"

"그동안 땅속에서 뭘 발견했나?"

언니는 씽긋 웃더니 가볍게 한숨을 내쉬었다.

"뭘 발굴했을 것 같니?"

"모르겠어요. 뭘 찾았는데요?"

언니는 말이 없었다.

"왕관이요?"

"풋."

언니가 웃음을 터뜨리며 고개를 저었다.

"그럼 금불상이요?"

"아니."

"도자기요?"

"아니."

"그럼요?"

"인내를 찾았지."

재영이는 언니를 쳐다보았다. 언니는 어깨를 으쓱해 보였다.

"아직 의미 있는 걸 발견하지 못했다는 뜻이야. 글자 그대로 맨땅에 헤딩하는 꼴이지 뭐니, 정말. 농담 아니라니까."

재영이는 킥 웃으려다 손으로 입을 막았다.

"근데요, 왜 여기 땅을 파고 조사하는 거예요? 여기에 보물이 묻혀 있어요?"

재영이는 벌써 며칠째 이곳에 와서 구경을 하고 있었다. 학교와 학원이 끝나면 언제나 이곳으로 왔다. 언니, 오빠들이 무엇을 발견했는지 궁금하기도 했지만, 왜 하필이면 이곳에서 유물을 발굴하고 있는지도 알고 싶었다. 여기가 중요한 곳이라도 되는 걸까, 궁금했다.

"좀 있으면 여기에 아파트가 들어설 건데, 그 건물을 짓기 전에 뭐가 묻혀 있나 조사하는 거야. 그냥 묻히면 너무 아깝잖아. 그게 다 소중한 우리 문화유산인데. 우리나라는 역사가 오래 됐기 때문에 조상이 남긴 유물이 엄청 많거든."

재영이는 언니의 말에 고개를 끄덕였다.

"그런데 발굴할 시간이 별로 없어서 조급한 마음이 자꾸 드네. 시간을 충분히 주면 참 좋겠는데, 너무 촉박해. 아파트 짓는 게 뭐 그렇게 급하다고. 휴, 우린 뭐든 다 빨리빨리야."

"……."

"앞으로 우리 문화유산에 관심을 많이 가져 줘. 그게 다 조상님들이 우리에게 주는 선물이거든. 아주 귀한 선물이니까 잘 보존해야지. 우리 후손한테 고스란히 전해 줘야 하고. 참 이름이 뭐야? 내 이름은 예나리야."

"전 재영이에요. 진재영."

"이름이 참 예쁘구나."

"헤헤. 언니 이름도 예뻐요."

"그래? 그럼 우리 이름 예쁜 사람끼리 친하게 지낼까?"

재영이는 언니와 악수하면서 큰 소리로 웃었다.

그다음부터 재영이는 유물 발굴 현장에 오면 꼭 나리 언니에게 아는 체를 했다.

"나리 언니!"

소리치면 언니가 손을 흔들며 반갑게 맞아 주었다.

"오늘은 뭐 나왔어요?"

재영이는 매일 물어보았다. 그러면 언니는 빙긋 웃으면서 고개를 가로저었다.

"오늘은요?"

"오늘도요?"

나리 언니의 대답은 매일 똑같았다. 재영이는 좀 실망이 되었다. 날마다 저렇게 땅을 파고 뒤집고 하는데 어떻게 동전 하나 나오지 않을 수 있을까.

어느 날 재영이가 말했다.

"언니 말이 맞는 것 같아요."

"응? 무슨 말?"

"맨땅에 헤딩한다고 그랬잖아요."

"하하하."

"처음엔 뭐가 나올까 정말 기대되고 그랬는데 이제 좀 지겨워지려고 그래요."

"그래?"

"그럼 언니는 안 지겨워요?"

"안 지겨워. 재미있어."

"에이, 만날 허탕만 치면서 뭐가 재미있어요?"

"그래서 재미있는 거야."

재영이는 고개를 갸우뚱했다.

"혹시 보물찾기 해 본 적 있니?"

"보물찾기요?"

"그래, 내가 초등학교 다닐 땐 소풍 가면 선생님들이 미리 나무나 바위틈에다 보물을 숨겨 놓았어. 선물로 바꿔 준다는 쪽지

말이야. 그 쪽지를 찾으면 선물을 받을 수 있어서 아이들이 눈에 불을 켜고 찾으러 다녔지. 그걸 찾으러 다닐 때 얼마나 흥분되고 기대됐는지 지금도 그 생각만 하면 기분이 좋아."

재영이도 보물찾기할 때의 기분을 잘 알고 있었다. 숨은 보물을 찾을 때처럼 즐거운 일도 없었다.

"그거랑 마찬가지야. 분명히 저 땅속에 있다는 걸 알거든. 우리 조상들이 남긴 유물들이 말이야. 아직 못 찾았을 뿐이지. 근데 아직 못 찾았으니까 어떤 엄청난 보물이 나올지 더 기대가 돼. 그래서 난 매일 다시 힘을 내서 도전할 수 있는 거야. 반드시 있다는 걸 아니까."

재영이는 고개를 주억거렸다. 언니 말을 이해할 수 있었다.

'그래서 나리 언니는 짜증 내지 않고 투덜거리지도 않고 이 지루한 일을 되풀이할 수 있는 거구나.'

처음에 언니가 인내를 찾았다고 했던 말도 조금 이해되었다. 재영이도 조급한 마음을 버리고 끈기 있게 지켜보기로 했다. 그러자 과연 어떤 보물이 나올지 더 기대가 되었다. 얼마나 근사한 것이 나오려고 이렇게 애를 태우나 더욱 궁금해졌다.

그날부터 재영이는 하루걸러 한 번씩 찾아왔다. 매일 찾아오면 더욱 조급한 마음이 드는 것 같았다. 어떤 때는 일주일에 한두 번 오는 적도 있었다. 비가 오면 들르지 않았다. 그러다가 몇 번 빠뜨리고 오지 못하기도 했다.

그리고 오랜만에 다시 찾은 날, 재영이는 깜짝 놀라고 말았다.

"어?"

재영이가 맨 먼저 본 것은 거대한 공사 가림막이었다. 그 안쪽에서 요란한 소음을 내면서 공사가 한창 진행 중이었다. 재영이는 얼이 빠진 것처럼 멍하니 공사 현장을 바라보았다. 구덩이들이 하나도 보이지 않았다. 컨테이너도 없어졌다. 물론 언니, 오빠들도 없었다.

"몽땅 사라졌어."

재영이는 한숨을 내쉬었다. 구덩이를 메우고 거기에 콘크리트를 들이붓는 모습은 전혀 반갑지 않았다. 공연히 안타깝고 아쉬웠고, 어쩐지 속상하기조차 했다.

"삑삑."

안전모를 쓴 아저씨가 호루라기를 불어 대며 재영이에게 손사래를 치고 있었다. 위험하니 저리 가라는 뜻이었다. 트럭이 육중한 소음을 내며 재영이 앞을 지나갔다.

재영이는 나리 언니와 작별 인사를 나누지 못해서 무척 아쉬웠다. 이렇게 빨리 아파트가 들어설 줄은 몰랐다. 진작 알았더라면 매일 언니를 찾아올 걸 그랬다. 재영이는 아쉬운 마음을 달래며 먼지 날리는 공사 현장을 뒤로 하고 발걸음을 옮겼다.

내 안에 숨어 있는 힘_잠재력

성공이 그렇게 쉬울 리가 없어

"그럼 그렇지. 나한테 그런 재능이 있을 리가 없어."
살아오면서 한 번도 들어 보지 못했던 글 쓰는 재주라니…….

선생님이 얼굴 가득 웃음을 띠고 들어왔다.

"애들아, 좋은 소식이 있다. 윤다해. 앞으로 나오너라."

다해는 기다렸다는 듯이 자리에서 일어나 뚜벅뚜벅 앞으로 걸어갔다. 반 아이들이 웅성대며 두리번거렸다.

"지난 어린이날에 백일장이 있었지? 그 대회에서 다해가 금상을 받았다."

"와."

아이들이 함성을 질렀다.

"우리 모두 축하해 주자꾸나. 금상, 이름 윤다해, 양서초등학교 6학년 2반."

선생님이 상장을 들고 상장에 적혀 있는 글귀를 읽어 내려갔다. 다해는 살짝 긴장한 표정이었다.

"축하한다."

선생님이 상장을 건네주자 반 아이들이 환호성을 지르며 손뼉을 쳤다. 다해는 상장을 받아 안고 선생님과 반 아이들에게 꾸벅 인사했다.

"잘해 주었다. 그리고 이번 백일장에 참가한 친구들 모두 수고했다. 자, 우리 그 친구들을 위해 손뼉을 쳐 줄까?"

박수 소리가 다시 한 번 높이 날았다. 책상을 탕탕 치는 아이들도 있었고, 휙휙 휘파람을 부는 아이들도 있었다. 아이들을 따라 덩달아 손뼉을 치고 있던 재영이는 공연히 얼굴이 빨개지는 것 같았다. 대회에 참가하고서도 상을 받지 못한 아이가 재영이뿐만은 아니었지만, 그래도 재영이는 부끄러웠다.

"다해라, 다해."

"윤다해, 네가 다해라."

아이들이 다해의 이름으로 장난을 쳤다. 다해는 아이들의 짓궂은 장난에 씽긋 웃어 주었다. 그리고 의기양양하게 상장을 들고 자리로 돌아가 앉았다. 다해는 늘 독후감 대회나 글쓰기 대회에서 상을 독차지했다.

재영이는 다해가 부러웠다. 그리고 속상했다.

'재영이는 글 쓰는 재주가 있어.'

철썩 같이 믿었던 선생님 말씀은 뭐란 말인가. 선생님은 거짓말쟁이인가. 어쩐지 배신당한 느낌이었다. 기분이 엉망이었다.

집으로 돌아오자마자 재영이는 책가방을 방바닥에 휙 내던졌다. 그때까지 기분이 풀리지 않았다. 어쩌자고 선생님은 그런 거짓말을 해서 나를 속였을까. 생각할수록 화나는 일이었다.

"그럼 그렇지. 나한테 그런 재능이 있을 리가 없어."

13년을 살아오면서 한 번도 들어 보지 못했던 글 쓰는 재주라

니……. 선생님도 참 엉터리였다. 그 말에 깜빡 속아서 상을 탈 거라고 열심히 준비했던 자신이 바보처럼 여겨졌다. 잔뜩 실망한 재영이는 아무것도 할 맘이 나지 않았다. 엄마, 아빠한테는 물론 할머니에게도 말할 수 없었다.

컴퓨터 게임을 정신없이 몇 판 하고 나니 기분이 좀 나아진 것도 같았다. 그런데 선생님이 보낸 메일을 보자 다시 속상해졌다. 메일을 못 본 척하고 또 컴퓨터 게임을 하려고 했지만 선생님이 뭐라고 보냈을지 궁금했다. 메일을 열까 말까 망설이다 재영이는 메일 보기 버튼을 꾹 누르고 말았다.

재영이가 많이 속상했나 보구나. 학교에서 선생님이 말 걸어도 시무룩해 있으니 말이야. 백일장에서 상 못 받아서 그런 거 같은데, 맞아? 선생님이 재영이한테 글 잘 쓴다고 칭찬을 듬뿍했는데, 정작 대회에 나가서는 상도 못 받고. 그래서 선생님이 미운 거구나?

재영이는 깜짝 놀랐다.
'선생님이 내 마음을 어떻게 알았을까? 내가 선생님 원망한 것

도 다 알고 계시다니…….'

재영이는 선생님이 바로 옆에서 자기를 지켜보고 있기나 한 듯 주위를 두리번거렸다. 가슴이 콩닥거렸다.

그래, 그랬을 거야. 재영이가 기대를 많이 했고, 준비도 열심히 했는데 말이야. 그만큼 보답이 주어지지 않으면 누구라도 실망하지. 그건 당연해.

하지만 성공이 그렇게 쉬울 리가 있겠니? 쉽게 얻는 성공은 성공이 아니란다. 우리에게 왜 내일이 주어지는지 아니? 오늘 실패하면 내일 다시 도전하라고 주어지는 거야. 그러니까 실망할 필요는 전혀 없어. 내일이면 내가 그토록 원하던 것을 가질 수 있으니까. 오늘 얻지 못할수록 내일은 더 기다려지는 법이지.

《톰 소여의 모험》을 쓴 '마크 트웨인'이 이런 말을 했어.

"내일 일어날 수 없는 일은 아무것도 없다."

즉, 내일의 나에게는 그 모든 가능성이 열려 있다는 뜻이야.

오늘까지의 '나'가 절대로 '나'의 전부는 아니야. 내일의 '나'는 무한한 잠재력을 가지고 있으며, 나의 다른 이름은 '가능성'이라는 사실을 명심해다오.

메일을 다 읽자 재영이는 나리 언니가 생각났다. 나리 언니도 이 비슷한 말을 한 적이 있었다. 어른들은 모두 비슷한 말을 하는가 보다.

순간 재영이는 나리 언니가 유물을 찾았는지 갑자기 궁금해졌다.

"무슨 유물을 찾았을까?"

매일 즐거운 마음으로 유물을 찾는다는 나리 언니가 과연 어떤 유물을 발굴해 냈는지 재영이는 알고 싶었다. 만약 아직도 찾지 못했다면 내일은 꼭 찾기를 진심으로 바랐다.

"우리에겐 내일이 있으니까."

재영이는 나지막하게 중얼거려 보았다.

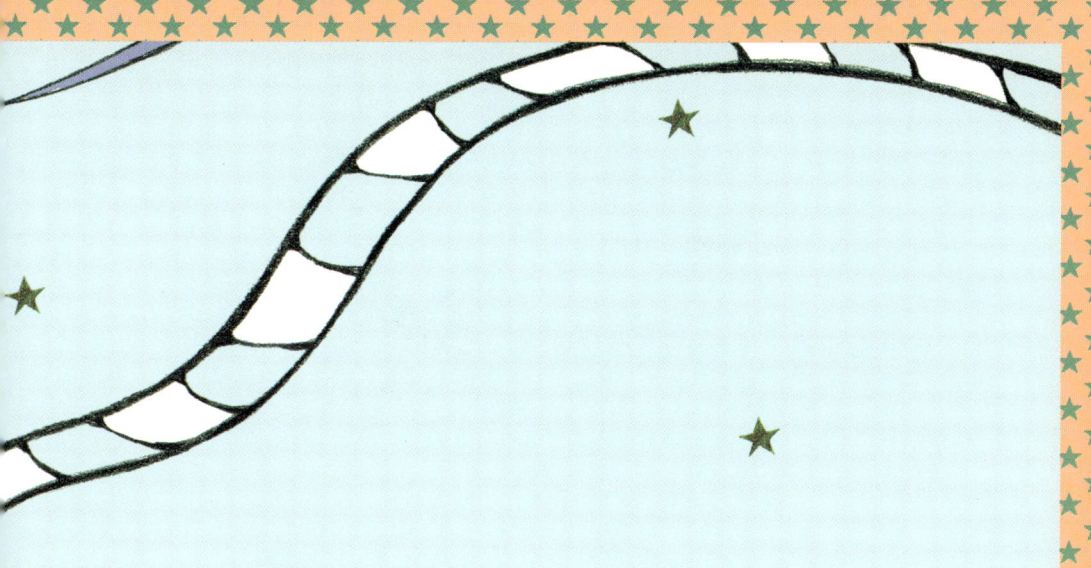

part 4
꿈을 향해 날갯짓을 하다

    스티븐 스필버그는 열두 살에 영화 감독이 되기로 결심했다. 그는 책 페이지마다 그림을 그린 후 책장을 빠르게 넘겨 만화 영화처럼 보이게 하곤 했다. 꾀병을 부려 학교에 가지 않는 대신 그동안 찍은 영화를 편집하기도 했다. 그에게 영화는 재미없는 공부에서 벗어나게 해 주는 위안처였다.
    그는 대학에 다니는 동안에도 내내 영화에만 미쳐 있었다. 학교 수업을 이틀간 몰아 듣고 남은 시간에는 영화사 빈 사무실에 몰래 숨어 들어가 스티븐 스필버그라는 이름표를 붙여 놓고, 촬영장에서 대부분의 시간을 보냈다. 이렇게 스필버그는 많은 영화 감독들의 일하는 모습을 직접 보면서 꿈을 키워 나갔다.
    "나는 밤에만 꿈꾸는 것이 아니라 하루 종일 꿈을 꾼다."
    마침내 스티븐 스필버그는 자신이 그토록 원하던 세계 최고의 영화 감독이 되었다.

내 안에 숨어 있는 힘_잠재력

선생님을 구한 삼총사

도움이 필요할 땐 언제든 삼총사를 부르렴.
너희의 잠재력을 깨워 주고 키워 주는 영원한 친구 삼총사!

공룡 알의 세 번째 기사가 올라왔다. 그중에 '만나고 싶어요'에 실린 담임 선생님과의 인터뷰가 아이들의 뜨거운 관심을 불러일으켰다.

"너네 이거 봤어?"

"당근 봤지. 근데 정말 선생님이 우리 학교 나온 거래?"

"그럼 우리 선배님이네."

"난 몰랐어, 우리 담임 선생님이 우리 학교 나왔다는 거."

"그거보다 교장 선생님이 우리 선생님의 담임 선생님이었다는 게 더 놀랍지 않니?"

"맞아."

"세상에, 나 깜짝 놀랐잖아."

반 아이들은 모두 선생님에 대한 이야기를 하고 있었다. 반 아이들뿐 아니라 전교생이 관심을 보였다.

"그럼 우리 학교 엄청 오래된 학교잖아?"

"그러게, 사람이라면 할아버지네."

"그것도 몰랐냐? 작년 졸업생이 64회였잖아."

"그럼 우린 65회구나."

"과학실 마루 말이야, 거기 걸어 다니면 삐걱삐걱 소리 나잖아. 꼭 귀신 나올 것처럼."

"맞아, 나도 과학실에만 가면 소름이 끼쳐. 해골바가지까지 있으니까 더 무섭더라."

"삐걱삐걱, 으히히히."

남자애 하나가 귀신 흉내를 내며 요상하게 웃어 댔다. 아이들은 정말로 귀신이라도 본 것처럼 무섭다는 시늉을 하더니 곧 와하하 웃음을 터뜨렸다.

재영이도 담임 선생님에 관한 얘기를 아주 흥미롭게 읽었다. 교장 선생님이 선생님이 되고서 처음으로 온 학교가 재영이네 초등학교라는 사실은 지난번 신동의 기사에서 다루었었다. 용민이네 모둠은 그 기사에서 힌트를 얻어 담임 선생님과의 인터뷰를 하게 되었다고 한다. 그런데 용민이는 담임 선생님을 취재하면서 의외로 흥미로운 사실을 알게 되었다. 바로 교장 선생님이 담임 선생님의 담임 선생님이었다는 사실이다. 단지 쉽게 인터뷰 상대를 만날 수 있다는 장점 때문에 담임 선생님을 선택했을 뿐인데 반 아이들이 모두 흥미로워할 만한 기사를 올리게 된 것이다.

담임 선생님이 5학년일 때의 담임 선생님이 교장 선생님이라니……. 아이들은 잘 믿어지지가 않았다. 기사에 더불어 올라와 있는 사진을 직접 봐도 믿기 어려웠다. 젊은 교장 선생님과 5학년짜리 소년인 담임 선생님의 모습. 오래되어 약간 빛바랜 듯한 사진에서는 아련한 분위기가 느껴졌다.

"내가 처음으로 담임을 맡은 반의 아이였지. 연안 군은 조용하고 별로 눈에 띄는 아이가 아니었어."

교장선생님이 당시를 회상하며 말씀하셨다.

"공부는요? 공부는 잘하셨나요?"

"워낙 내성적인 아이여서 사실 잘 기억은 나지 않아. 하지만 지금처럼 훌륭한 선생님이 되었으니 공부를 잘했을 게다. 선생님은 아무나 하는 게 아니니까, 안 그러냐?"

용민이네 모둠이 쓴 기사의 일부분을 창희가 교장 선생님 말투를 흉내 내며 읽었다.
"와하하."
아이들이 웃음을 터뜨렸다. 창희가 교장 선생님 흉내를 잘 내기도 했지만, 담임 선생님을 연안 군이라고 부르는 것이나, 아이라고 말한 것이 영 어색했기 때문이다.
"이히히, 연안 군이래."
"내성적이고 조용한 아이였대."
"우리 선생님이 그랬다는 거 안 믿어져."
"용민 군, 자네 취재하느라 애 많이 썼네."
창희가 용민이의 어깨를 두드려 주면서 또 교장 선생님 흉내를 냈다. 주위에 옹기종기 모여 있던 아이들이 모두 배꼽을 쥐고 웃었다.
아이들은 담임 선생님이 들어오시자 환호성을 지르며 책상을 두드렸다. 어쩐지 담임 선생님의 비밀 하나를 알아내고, 그 비밀을 서로 공유하게 되었다는 느낌이 들었다.

"야, 너희가 선생님을 열렬히 환영해 주는구나."

선생님이 얼굴 가득 웃음을 띠고 아이들에게 손을 흔들었다. 마치 팬들의 환호성에 손을 흔드는 연예인 같았다.

"선생님, 선생님도 용민이네 모둠 기사 보셨죠?"

"교장 선생님이 선생님의 담임 선생님이셨다면서요."

"선생님, 정말 내성적이고 조용한 아이였어요?"

아이들이 앞다퉈 질문을 쏟아 냈다. 재영이는 마지막 질문에 귀를 쫑긋 세웠다.

"그래, 지금 너희와 선생님과의 관계랑 똑같았지. 난 저기 저 자리쯤에 앉아 있었고, 교장 선생님이 바로 여기에 서 계셨어."

선생님이 손을 들어 교실 뒤쪽 어디쯤을 가리켰다. 순간 재영이는 가슴이 덜컹 내려앉을 뻔했다. 선생님이 가리킨 곳이 바로 재영이가 앉은 자리 근처였기 때문이다.

"난 항상 아이들 등 뒤에 숨어 있었어. 그땐 왜 그랬는지 남 앞에 나서는 일이 몹시 부끄럽고 힘들었어. 말도 잘 못하고, 얼굴만 빨개지는 소심한 소년이었지."

"네? 정말이에요?"

"근데 어떻게 선생님이 되셨어요?"

"지금은 저희 앞에서 말씀 잘하시잖아요?"

"얼굴 안 빨개졌는데요?"

아이들은 조금 의외라는 표정을 지었다. 재영이는 마른침을 꿀꺽 삼키고 선생님 얼굴을 뚫어져라 바라보았다.

선생님이 손으로 뺨 이쪽저쪽을 쓸어 보았다.

"안 빨개졌냐? 다행이군."

"선생님 얼굴이 두꺼워졌나 봐요."

누군가가 우스갯소리를 했다.

"하하하, 맞다. 선생님 얼굴이 두꺼워졌나 보다. 근데 솔직히 말하면 지금도 완전히 나아졌다고는 할 수 없어, 얘들아."

선생님이 갑자기 목소리를 낮추며 소곤거렸다.

"이건 너희한테만 알려주는 비밀인데, 솔직히 선생님은 아직도 사람들 앞에 나설 때마다 긴장되고 가슴이 떨린단다. 쉬잇, 다른 반 아이들한테는 절대 말하면 안 돼."

선생님이 집게손가락을 입술 위에 세로로 대 보이며 주의를 당부했다. 아이들은 주위를 둘러보며 서로 조심하자는 몸짓을 해 보였다. 장난기 어린 동작이었다.

"지금도요?"

"그럼 저희 앞에서도 떨고 계신 거예요?"

"킥."

아이들은 새어 나오는 웃음을 막으려고 제 손으로 입을 가렸다.

선생님이 심각한 표정으로 아이들을 바라보았다.

"얘들아, 나 지금 떨고 있니?"

착 가라앉은 목소리였다. 몇몇 아이들은 정말로 선생님이 심각하게 물어보는 줄 알고 긴장했다.

"아니에요, 선생님."

"선생님, 안 떨어요."

"선생님, 괜찮아요."

선생님이 갑자기 너털웃음을 터뜨렸다.

"어떠냐? 선생님 연기 괜찮았지? 하하하."

반 아이들도 모두 선생님을 따라 웃었다.

"선생님은 그때 참 부끄러움이 많은 아이였어."

웃음소리가 잦아들자 선생님이 다시 이야기를 시작했다.

"남 앞에 나서서 말하려고 하면 목소리가 어찌나 떨리는지, 그만 쥐구멍에라도 숨고 싶었지. 항상 자신감이 없었어. 선생님들이 날 아는 척하는 것도 싫었고. 그래서 조용히, 아주 조용하게 학교에 다녔어. 바람처럼, 유령처럼."

아이들은 선생님 얘기에 귀를 기울였다. 그중에서도 재영이의 귀가 가장 쫑긋했다. 재영이는 자신과 비슷했던 선생님의 과거 모습에 누구보다 더 많은 관심이 갔다.

"교장 선생님이 나를 잘 기억하지 못하시는 것도 당연해. 뛰어나게 공부를 잘하기를 하나, 씩씩해서 아이들 눈에 띄기를 하나, 우스갯소리를 해서 아이들을 웃기기를 하나, 싸움을 잘하기를 하나, 집이 부자이기를 하나, 뭐 하나 잘하는 것도 내세울 것도 없었거든. 아, 하나 있었군. 선생님이 얼굴은 좀 되니까."

선생님이 느닷없이 팔짱을 끼고 손으로 턱을 받치는 시늉을 하며 모델처럼 폼을 잡았다.

"에이."

아이들이 장난기 어린 야유를 보냈다.

"녀석들 질투하기는. 하여튼 그건 그렇고, 어느 날 교장 선생님이 우리 반 아이들 모두를 운동장으로 불러냈어. 그러곤 '난 못해 장례식'을 치렀지."

"'난 못해 장례식'이요?"

"그래, 저번에 너희들도 선생님이랑 장례식 치렀지?"

"네."

"그게 선생님 어렸을 때 교장 선생님이 하셨던 거야. 교장 선생님은 외국의 어느 학교 선생님이 하는 걸 보고 우리들과 함께 장례식을 치렀던 거지. 나도 교장 선생님을 따라 한 거고. 그런데 그게 아주 효과가 있었어. 그때 그 장례식 덕분에 선생님은 이렇게 선생님이 될 수 있었거든."

"네? 정말이에요?"

재영이는 마른침을 꿀꺽 삼키고 선생님 말씀을 하나도 놓치지 않고 들으려고 애썼다.

"그래. 그때 장례식 치렀던 '난 못해' 님은 아직도 땅속에서 편안하게 주무시고 계시지."

"와!"

"교장 선생님은 잘 기억나지 않는다고 말씀하시지만, 그때 교장 선생님께서 선생님의 잠재력을 일깨워 주셨던 건 분명한 사실이야. 유별나게 수줍음 많고 용기도 없던 선생님에게도, 나만이 갖고 있는 능력이 있음을 알게 해 주셨거든. 이 세상에는 자신만이 할 수 있는 일이 있으므로 꼭 그걸 찾아내라고 하셨는데, 그게 얼마나 큰 힘이 되었는지 모른단다. 정말 그 힘으로 지금까지 왔구나. 물론 지금은 또 다른 '난 못해' 님이 생겨서 때때로 선생님을 곤란하게 만들기는 해. 그래서 저번에 너희와 장례식을 치를 때 선생님도 새로 생긴 그 '난 못해' 님을 땅에 묻어드린 거야. 영원히 주무시라고."

"와!"

아이들은 또다시 탄성을 질렀다.

"선생님을 괴롭히는 '난 못해' 님 이름이 뭔데요?"

신동이 물었다.

"비밀이다."

선생님은 입을 딱 다물었다.

"괜히 불러서 '난 못해' 님이 깨어나면 곤란하잖니?"

선생님이 집게손가락 펼쳐 보이며 좌우로 흔들었다.

"그러니 너희도 편안히 주무시고 계신 '난 못해' 님을 괜히 부르지 않도록 조심해라. 대신 '난 할 수 있어' 님과 '난 하고 싶어' 님, 그리고 '난 하고 말 거야' 님과 친하게 지내렴. 너희가 곤경에 빠질 때마다 그분들이 도와주실 테니까. 선생님 봐라, 선

생님도 다 그 삼총사 덕분에 선생님이 되었잖아? 도움이 필요할 땐 언제든 삼총사를 부르렴. 너희의 잠재력을 깨워 주고 키워 주는 영원한 친구 삼총사!"

재영이는 선생님 말씀을 하나도 놓치지 않고 꼭꼭 새겨들었다.

"삼총사."

재영이는 조그맣게 중얼거려 보았다. 그러자 정말로 삼총사가 어딘가에 있는 듯한 느낌이 들었다. 누군가 위기에 빠지면 어김없이 나타나 도와주고 사라지는 슈퍼맨이나 배트맨 같다는 생각도 들었다.

"삼총사, 영원한 내 친구."

주문을 외우는 것처럼 한 번 더 조그맣게 속삭이자 재영이의 마음이 든든해졌다.

유물과 잠재력의 공통점은 무엇일까요?

1. **반드시 있다.** 유물이 어딘가에 반드시 있는 것처럼 잠재력도 누구에게나 반드시 있다.

2. **어디에, 어떤 것이 있는지 모른다.** 유물이 땅속, 동굴, 바다 밑 등 어디에, 어떤 유물이 숨겨져 있는지 모르는 것처럼 나에게 어떤 잠재력이 숨어 있는지 정확히 알 수 없다.

3. **인내와 끈기가 필요하다.** 어디에 있는지 모르는 유물을 발굴할 때는 엄청난 시간과 노력이 필요하다. 잠재력 또한 인내와 끈기를 갖고 노력해야 비로소 찾아낼 수 있다.

4. **발굴한 것이 보물인지 잡동사니인지 분간할 줄 알아야 한다.** 잠재력 또한 자신에게 맞는 것을 제대로 골라 키워야 한다.

5. **일단 발굴해 내면 유물에 묻어 있는 녹이나 흙 등을 깨끗이 청소하고 원형에 가깝게 복원하여 잘 보존해야 한다.** 자신에게 맞는 잠재력을 발견하면 잘 갈고 닦아 내 것으로 만들어야 한다.

6. **유물이 문화재가 되면 세상의 자랑거리가 된다.** 잠재력이 나의 빛나는 능력이 되면 내 삶의 자랑거리가 된다.

내 안에 숨어 있는 힘, 잠재력

후손에게 부치는 편지

오백 년 뒤의 후손이 방금 아이들이 묻은 유물을 발굴한다고
상상하자 묘한 기분이 들었다.

"세상에 참 귀한 것이 나왔구나."

텔레비전에서 뉴스를 보던 할머니가 고개를 끄덕이며 말했다.

"뭐가요?"

할머니 곁에서 게임기를 가지고 놀던 재영이가 물었다.

"이번에 백제 시대 유물이 또 출토되었다는구나. 금동장식이며 청동구슬이며 참으로 귀한 것이로구나."

"그게 뭔데요?"

재영이는 갑자기 호기심이 들어 텔레비전을 바라보았다. 화면에서는 막 발굴된 여러 가지 유물들이 흰 천이 깔린 탁자 위에 진열되어 있는 모습이 보였다.

"어?"

텔레비전 화면 자막에 '가람대학교 문화재 연구소 유물 발굴단'이라고 쓰여 있었다.

재영이는 눈을 크게 뜨고 텔레비전 화면을 보았다. 혹시 나리 언니가 있을까? 화면은 휙휙 빠르게 지나갔고, 여러 사람들이 나왔지만 나리 언니는 보이지 않았다.

"할머니, 나 저기 알아요."

재영이가 손으로 가리키며 소리쳤다.

"저 가람대학교 문화재 연구소 말예요."

그렇게 말하는 사이에 그 뉴스는 끝나고 다른 뉴스가 시작되고 있었다.

"아이참, 좀 더 해 주지."

재영이는 아쉬워하며 중얼거렸다.

"왜 그러냐?"

재영이는 뉴스에 나왔던 가람대학교 유물 발굴단 얘기를 할머니에게 들려 드렸다.

"저기 아파트 짓는 데 있잖아요? 거기서도 유물을 발굴 했었는데요, 거기서 유물 발굴하던 언니, 오빠들이 아까 그 뉴스에서 나왔던 그 유물 발굴단이었어요."

"그러냐?"

"네, 그렇다니까요. 그때 나리 언니라고 있었는데요, 그 언니가 아까 텔레비전에 나온 그 발굴단에 있었어요."

재영이는 괜히 으쓱해지는 기분이었다.

"그래, 우리 동네에서는 무슨 유물을 발견했다던?"

"네, 그게 저, 잘 모르겠어요."

며칠 들르지 않은 사이 발굴단이 철수하고, 그새 아파트가 들어서기 시작한 얘기도 할머니에게 해 드렸다.

"그렇구나. 좀 아쉽구나. 하여간 요새는 아파트들을 너무 지어 대. 근데 아까 그 뉴스에 나리 언니가 나왔다는 말이냐?"

"아뇨, 보진 못했는데요. 아마 거기 있었을 거예요."

재영이는 나리 언니를 알고 있다는 사실이 뿌듯했다. 이럴 줄 알았다면 진작 언니의 전화번호를 알아 둘 걸 그랬다. 그럼 언니한테 아는 척 전화도 하고, 또 친구들한테 텔레비전에 나온 언니를 잘 안다고 자랑할 수 있었을 텐데 참 아쉬웠다.

"아, 나도 유물을 발굴하고 싶다."

재영이가 중얼거렸다.

"할머니, 저도 커서 유물 발굴하는 사람 될까요?"

"좋지. 조상들이 쓰던 귀한 물건을 다시 찾아내는 일이니 좋은 일이지."

"저는요, 왕관처럼 왕이나 여왕들이 쓰던 물건을 발굴하고 싶어요."

"왕족들이 사용하던 물건도 귀하고, 백성들이 쓰던 물건들도 귀하지."

"에이, 백성들이 쓰던 물건이 뭐가 귀해요?"

"오래 되면 다 귀한 거다. 몇백 년이 지나면 우리가 사용하던 물건들도 다 우리 후손한테는 귀한 유물이 되는 거야."

"정말이에요?"

재영이는 눈이 번쩍 뜨이는 기분이었다.

"그럼, 아까 텔레비전에 나온 유물들도 다 몇백 년이 지나서 발견된 물건들이니까 귀한 거야."

재영이는 갑자기 좋은 생각이 떠올랐다.

"그럼요 할머니, 제가 갖고 있는 물건도 몇백 년이 지나서 발견되면 유물이 되는 거예요?"

"그럼, 그렇고말고."

재영이는 어쩌면 지금 떠오른 생각이 공룡 알 기삿거리가 될 것 같다고 생각했다.

다음 날, 재영이는 새 모둠 친구들에게 자신의 생각을 얘기했다.

"야, 그거 괜찮은데?"

"근사한 생각이야."

새 모둠 아이들은 흔쾌히 재영이의 의견에 동의해 주었다.

"그럼 우리 언제 만날까?"

재영이가 친구들을 둘러보며 물었다.

"어떤 걸로 할 건지 생각을 좀 해 봐야 하니까 내일모레 가는 거 어때?"

"내일모레?"

"응, 내일은 너무 빠르고, 모레면 괜찮을 것 같은데."

"그래, 그러자."

재영이는 자신의 의견대로 공룡 알 기사를 작성하게 될 것 같아서 아주 기분이 좋아졌다.

약속한 날, 재영이와 친구들은 아파트 공사 현장으로 출발했다. 친구들은 모두 한손에는 모종삽, 다른 손에는 꾸러미를 들고 있었다.

현장은 얼마 지나지 않았는데도 벌써 콘크리트 건물이 꽤 올라가 있었다. 유물 발굴 현장이었다는 흔적은 그 어디에도 보이지 않았다.

"저기에서 정말 유물을 발굴했다는 거야?"

"응."

"뭐야, 저건 그냥 아파트 짓는 데잖아."

"아파트 짓기 전엔 뭔가 근사해 보였어. 뉴스에서도 나오잖아? 이렇게 넓게 땅을 파고……."

재영이가 손으로 가리키며 설명을 했다.

"시시하다, 저건. 만날 보는 건데 뭐."

"그러니까 여긴 안 되고……. 저 아파트 뒤쪽 산으로 가 볼까?"

"그래, 그럼 올라가 보자."

아이들은 산으로 발걸음을 옮겼다.

"야, 너 뭐 갖고 왔어?"

"넌?"

"비밀이야."

"나도 안 가르쳐 줄 거야."

아이들은 뭔지 모를 긴장과 흥분으로 가슴이 벅찼다. 뭔가 대단한 일을 하고 있다는 자부심마저 들었다.

산속으로 들어서자 마치 은행에라도 들어온 것처럼 시원했다.

맨살에 닿는 공기가 에어컨 바람 같았다. 수풀이 어찌나 우거져 있는지 햇빛이 제대로 들어오지 못해 대낮인데도 어두컴컴했다. 하지만 사람들이 자주 오가는 모양인지 산길은 비교적 넓었다.

"얘들아, 저거 봐."

앞장서서 걷던 민준이가 저 앞쪽을 가리키더니 뛰어갔다. 거기에는 운동 기구 여러 개가 놓여 있었다.

"우리 동네에도 이런 거 있는데."

도연이도 달려가더니 운동 기구에 매달렸다. 동수는 여기저기 주위를 둘러보았고, 은혜는 다리가 아픈지 바닥에 쭈그리고 앉았다.

"어디로 갈까?"

재영이가 물었다. 그곳에서 길이 두 갈래로 갈라져 있었다.

"재영이 네가 정해. 네가 아이디어를 냈으니까 너한테 맡길게."

동수가 말했다. 재영이가 다른 아이들을 둘러보았다. 나머지 아이들이 고개를 끄덕였다. 재영이는 어느 쪽으로 갈까 망설이다 오른쪽 길을 선택했다. 재영이를 따라 모두들 다시 걷기 시작했다.

아이들은 좀 더 깊은 곳으로 들어가다가 마침내 적당하다고 생각되는 곳에서 걸음을 멈추었다.

"여기가 괜찮을 것 같은데?"

"그래, 우리 여기다 묻자."

아이들은 각자 가지고 온 모종삽으로 땅을 파기 시작했다.

"야, 어째 우리 담임 선생님 닮아가는 것 같지 않니?"

"그러게 말이야."

"우리가 여기서 땅을 파고 있을 줄 누가 알았겠냐?"

"우린 땅을 파고 묻는 데는 정말 일가견이 있어."

"하하하."

아이들은 땀을 흘려가며 열심히 땅을 팠다. 그러곤 가지고 온 꾸러미를 구덩이에 내려놓았다.

"이제 이게 오백 년은 가야 하는데."

"맞아, 그래야 우리가 묻는 이 물건들이 우리

"후손들한테 귀한 유물이 될 수 있지."

"다 넣었지? 이제 덮자."

아이들은 꾸러미를 파묻은 구덩이에 다시 흙을 덮고 발로 꾹꾹 밟았다.

"근데 오백 년 뒤라니, 어휴 난 상상이 잘 안 돼."

"그땐 우리 모두 여기 없네?"

"야, 무서워."

"으, 나도 무섭다."

아이들은 팔뚝에 솟은 소름을 양손으로 쓸어내렸다. 그리고 오백 년이라는 세월의 까마득함에 어지럼증을 느꼈다. 오백 년은 커녕 백 년만 지나도 여기 있는 친구들 모두 이 땅에 없을 거라는 데 생각이 미치자 갑자기 숙연해지는 기분이었다.

아이들은 재영이가 제안한 대로 지금 막 후손에게 물려줄 유물을 묻은 참이었다. 각자가 물려주고 싶은 물건을 골라 와서 땅에 묻고, 그것이 오랜 세월이 흐른 뒤에 발견된다면 유물이 된다고 생각했기 때문이었다. 할머니와 얘기하다 재영이에게 문득 떠오른 생각이 바로 그것이었다.

 오백 년 뒤의 후손이 방금 아이들이 묻은 유물을 발굴한다고 상상하자 묘한 기분이 들었다. 재영이는 다른 친구들은 어떤 물건을 후손에게 물려주었을지 궁금했다. 그 후손이 이 유물을 발굴했을 때 어떤 느낌이 들까. 재영이는 그 장면을 지켜보지 못하는 것이 못내 아쉽다고 생각했다. 한 오백 년쯤 살아 보고 싶은 마음이었다.

 재영이는 오래도록 땅이 파헤쳐지지 않기를 바라며 산을 내려왔다. 집으로 돌아온 재영이는 지금까지 있었던 일을 기사로 쓰기 시작했다.

내 안에 숨어 있는 힘_잠재력

명예 기자가 된 재영이

기자? 명예 기자? 말만 들어도 가슴 떨리는 단어였다. 왠지 근사하고 멋있어 보였다.

드디어 재영이네 모둠이 공룡 알에 기사를 올렸다. 마침 방학 때라서 재영이네 모둠 아이들은 학교 컴퓨터실에서 따로 만났다. 아이들이 없는 텅 빈 학교는 조용해서 낯설었다.

"잘했는걸."

공룡 알에 올린 기사를 훑어보고는 선생님이 말했다.

"수고했다. 이렇게 해서 우리 공룡 알 1차 활동이 모두 끝났구나."

선생님이 아이들에게 일일이 고개를 끄덕여 주고는 교무실로 가시자 동수가 갑자기 소리를 질렀다.

"와, 끝났다!"

민준이와 도연이도 두 팔을 번쩍 들어 올리더니 마구 흔들어 대며 괴성을 질렀다.

"아이들이 많이 볼까?"

재영이가 은혜에게 중얼거리듯 물었다. 은혜는 대답 대신 어깨를 들썩해 보였다. 하필 방학 때라 아이들의 반응을 직접 알 수 없어서 많이 아쉬웠다.

재영이는 컴퓨터에 바짝 붙어 앉아서 조회 수가 올라가는지 살펴보았다. 몇 번이나 들락날락거리자 은혜가 말했다.

"그새 아이들이 봤을라고? 난 집에 갈래."

은혜 말대로 조회 수에는 전혀 변화가 없었다.

재영이는 집으로 돌아오자마자 컴퓨터로 달려갔다. 조회 수는 여태 0이었다.

'아직 기사가 올라온 걸 모르나? 반 아이들에게 문자로 알려 줄까?'

아무리 그래도 그렇지 기사 올린 지 몇 시간이나 지났는데 아직도 조회 수가 0이라니……. 여간 실망이 아니었다.

뚫어져라 들여다보면 조회 수가 마구 올라가기라도 한다는 듯이 재영이는 하루 종일 컴퓨터 앞에서 살았다. 잠시라도 한눈을 팔면 큰일이 날 것 같았다. 맨 처음 1이라는 숫자가 찍혔을 때 재영이는 환호성을 질렀다.

"됐어! 이제 시작이야."

이제 눈 깜빡할 새에 10이 되고 100이 될 터였다. 그리하여 마침내 1000을 넘기고……. 그러나 조회 수는 여전히 제자리걸음이었다.

"왜 이러지? 빨리 좀 올라가란 말이야."

투덜거리면 그제야 생각났다는 듯이 조회 수 하나가 올라갔다. 그러더니 어느새 또 잠잠해졌다.

"아이, 정말 이거 왜 이래? 공룡 알이 바이러스에 감염되어 조회 수 체크가 안 되는 거 아냐?"

마치 정수리에 태양이 얹혀 있는 것처럼 머리가 뜨거웠다. 가뜩이나 날이 더워 짜증이 나는데 공룡 알까지 속을 썩이니 더 신경질이 났다. 맴맴맴맴, 매미는 목이 터져라 울어 대고, 태양도 폭발할 듯이 이글이글 불타올랐다. 세상 전체가 뜨거운 불가마 속 같았다.

"아이, 난 몰라."

내내 모니터만 들여다보다 울상을 짓자 할머니가 물었다.

"왜 그러냐?"

"아니에요, 할머니."

재영이는 괜히 울음이 나올 것 같아서 그만 자리를 박차고 나오고 말았다.

며칠이 흘러도 재영이네 기사는 인기가 없었다. 그중에서도 특히 재영이가 쓴 '후손에게 부치는 편지' 기사의 조회 수가 형편 없었다. 신동이 쓴 기사보다 조회 수가 적었다.

　재영이는 실망이 이만저만이 아니었다. 나름대로 의미 있는 일을 했다고 자부심을 가졌는데 그건 혼자만의 착각인 모양이었다. 최선을 다하고, 내용만 충실하면 된다고 생각했던 것도 잘못인 것 같았다. 기대만큼 결과가 나와 주지 않자 재영이는 또 자신이 없어졌다. 모둠의 다른 친구들에게도 미안했다. 괜히 자신이 평균을 깎아 먹고 있는 것 같았기 때문이다. 다행히 친구들은 그런 것에 크게 신경 쓰지 않는 눈치였다.

"그래도 재밌었잖아?"

"그래, 우리 후손에게 유물도 물려주고."

　어쨌거나 재영이의 기대는 산산이 부서지고 말았다. 아이들에게 인기를 얻어 주목받고 싶었는데……. 신동네 모둠 기사보다 조회 수가 많아서 신동의 코를 납작하게 눌러 주고 싶었는데…….

　방학이 막바지에 이르렀을 무렵이었다. 아직도 더위는 맹렬해서 재영이가 강아지처럼 혀를 빼물고 헉헉대고 있을 때였다. 한낮의 무료함과 더위를 요란하게 가르며 전화벨이 울렸다. 재영

이는 느릿느릿 전화를 받았다.

"여보세요."

전화기 너머에서 재영이를 찾았다.

"전데요?"

재영이가 대답했다. 그리고 전화기에서 들려오는 말에 바짝 귀를 기울였다.

"네에? 정말이에요?"

재영이는 전화기 너머의 말을 믿을 수 없었다.

"그래서 우리 신문에 원고를 실어 주었으면 해서 말이야. 아니, 꼭 실어야 해. 호호, 잘 좀 부탁할게요. 진재영 기자님."

"아, 네, 저, 그게, 그럼, 아…… 자, 잠깐만요, 엄마! 엄마!"

재영이는 당황한 나머지 엄마를 부르고 말았다. 엄마가 수화기를 넘겨받아 통화를 마저 이어갔다. 재영이는 정신이 멍했다. 바로 이럴 때 꿈인지 생시인지 모른다는 말을 쓰는 것이 틀림없었다. 재영이가 공룡 알에 올린 기사를 보고 지역 신문사 기자가 전화를 걸어온 것이었다. 그 기사를 지역 신문에 싣겠다고 했다. 그뿐만이 아니었다. 재영이를 명예 기자로 임명할 테니 좋은 기사가 있으면 언제든지 써서 보내라고도 했다.

기자? 명예 기자? 말만 들어도 가슴 떨리는 단어였다. 왠지 근사하고 멋있어 보였다.

"아이고 재영아! 우리 딸."

전화를 끊은 엄마가 재영이를 덥석 끌어안고 엉덩이를 투덕투덕 두드려 주었다.

"우리 재영이가 기자라니, 호호호."

재영이는 아직도 꿈에서 헤매는 것 같았다.

"우리 재영이가 기자라니? 그게 무슨 말이냐?"

엄마와 재영이의 웃음소리를 듣고 할머니가 묻자 엄마가 자세하게 설명해 주었다.

"세상에, 정말이냐? 이런 경사가 다 있나. 우리 재영이가? 재영아, 장하다. 정말 잘했구나."

할머니도 얼굴 가득 웃음을 지으며 재영이의 머리와 어깨를 쓰다듬어 주었다.

"정말 소나기처럼 시원한 소식이로구나."

"그렇죠? 우리 재영이한테 그런 재주가 있다니 전 몰랐네요."

"근데 뭘 썼는데 신문에 다 내겠다는 게냐?"

재영이는 '후손에게 부치는 편지'의 내용을 간추려서 들려 드렸다. 동네 유물 발굴 현장을 우연히 보게 된 얘기에서 시작해서, 의미 있는 유물을 발굴하지 못하고 그만 철수해 버린 유물 발굴단, 유물 발굴 현장에 곧바로 아파트가 들어서기 시작한 걸 보고 느낀 점들, 우리도 후손에게 유물을 물려주고 싶다는 생각, 그래서 친구들끼리 모여 후손에게 물려주고 싶은 선물을 땅에 묻고 온 일, 우리의 유물을 소중히 잘 간직하자는 그런 얘기였다.

"어머머, 세상에. 어쩜 그렇게 훌륭한 생각을……."

엄마는 눈을 휘둥그레 뜨고 놀라서 말을 잇지 못했다.

"우리 재영이 정말 장하구나, 훌륭하구나 훌륭해."

할머니가 고개를 끄덕끄덕하셨다.

"엄마는 재영이가 엄마 딸이라는 사실이 정말로 자랑스럽다. 어디 똑똑한 우리 딸 한번 안아 보자."

엄마는 재영이를 꼭 끌어안았다.

재영이는 얼떨떨하기만 했다.

'그냥 있었던 일을 본 대로, 느낀 대로 썼을 뿐인데……. 반 아이들한테는 별로 인기가 없었던 기사인데 어떻게 된 거지? 그럼 내가 잘 쓴 건가?'

저녁 때 아빠까지 합세하여 온 집안은 말 그대로 경사가 난 듯 떠들썩했다.

"우리 집안에 인재가 났구나."

"경사 났네, 경사 났어."

엄마는 장난스럽게 어깨춤을 덩실덩실 추었고, 아빠는 목젖이 다 보이게 껄껄껄 웃어 젖혔다. 할머니도 연신 잘했다며 칭찬을 해 주셨다.

며칠 뒤 재영이는 자신의 기사가 인쇄된 종이 신문을 받아 보았다. 몇십 번이나 컴퓨터 모니터로 들여다봤던 기사인데도 종이에 인쇄되어 나오니 새삼 달라 보였다. 더군다나 이 지역 어른들이 보는 신문이라니 더 가슴이 설레고 긴장됐다.

〈특집 기사, 후손에게 부치는 편지〉

특집 기사라니! 제목에서부터 굉장히 특별해 보였다.

〈진재영 명예 기자〉

여봐란 듯이 적혀 있는 자기 이름을 보니 뭐라 말할 수 없을 만큼 짜릿하고 뿌듯한 기분이었다. 가슴이 좍 펴졌다. 재영이는 스스로가 대견했다.

"진재영 명예 기자?"

가만히 입을 다물고 있는데도 자꾸만 웃음이 비실비실 새어 나왔다.

"히히히."

재영이는 태어나서 지금이 제일 행복했다. 세상의 꼭대기에 서 있는 것 같았고, 세상을 다 가진 느낌이었다. 뭐든지 다 해낼 수 있을 것 같았다.

"고마워, 나의 삼총사."

재영이는 조그맣게 속삭였다.

내 안에 숨어 있는 힘_ 잠재력

'난 잘해' 상

지금 받은 두 개의 상장은 바로 너희의 날개다.
너희를 미래로, 꿈으로 훨훨 날아가게 해 줄 날개.

여름 방학이 끝나고 2학기가 시작되었다. 아이들의 작은 재능을 찾아내서 칭찬하시는 담임 선생님이 이번 재영이의 일을 그냥 지나갈 리 없었다.

"얘들아, 우리 진재영 명예 기자에게 손뼉 한번 신나게 쳐 주자."

반 아이들이 우렁찬 함성을 지르며 우레와 같은 박수를 보냈다. 교실이 들썩들썩했다. 재영이는 가슴이 터질 것만 같았다. 이렇게 큰 칭찬과 관심을 받은 적은 지금까지 단 한 번도 없었다. 처음이었다.

"그리고 그동안 우리 모두 공룡 알을 꾸미느라고 수고했으니까, 우리 자신한테도 손뼉을 쳐 주자."

선생님 말씀이 끝나기도 전에 아이들은 또 한 번 환호성을 지르며 서로에게 박수를 보냈다. 재영이도 친구들에게 그리고 자기 자신에게 아낌없이 손뼉을 쳐 주었다.

"정말 잘해 주었다. 선생님은 너희가 고맙고 참으로 자랑스럽구나. 한 사람도 빠지지 않고 모두 참여해서 여기까지 온 너희가 대견하다. 그래서 선생님이 너희에게 상을 주려고 하는데."

"상이요?"

"그래, 너희는 상 받을 자격이 충분하니까."

상이라면 뭐든 좋으므로 모두들 기대에 찬 얼굴을 했다.

"지금까지 너희들이 머리를 맞대고 함께 작업하면서 서로에게 느끼고 발견한 점들이 분명 있을 거야. 물론 마음에 들지 않는 점도 있겠지만, 지금은 좋은 점만 생각하기로 하자. 친구의 장점을 하나 이상 생각해 내서 그걸 상장으로 만들어 주자는 말이지. 무슨 말인지 알겠지?"

선생님이 상장 크기만 한 도화지를 나눠 주었다. 아이들은 선생님의 의외의 주문에 잠시 망설이더니 곧 친구의 장점을 생각해 내고 도화지에 열심히 적기 시작했다.

"선생님, 한 사람한테만 줘야 해요?"

"아냐, 같은 모둠 친구들 모두에게 상장을 만들어 줘도 괜찮아. 도화지 필요한 사람, 여기 많이 있으니까 걱정 말고 더 가져가서 만들렴."

아이들은 부지런히 상장을 만들었다. 재영이도 같은 모둠 친구들에게 줄 상장을 만들었다.

"다 만들었으면 상장 수여식을 하자꾸나."

첫 번째 모둠부터 상장 수여식을 시작했다. 친구가 만들어 준 도화지 상장이지만 받는 아이들의 마음은 진짜 상장을 받는 것 못지않게 기쁘고 행복했다. 상장을 주기 위해 친구의 장점을 열심히 생각해 내고, 또 자기 자신도 몰랐던 장점이 적힌 상장을 받는 즐거움은 꽤 컸다.

마지막 모둠인 재영이네 상장 수여식 순서가 되자 신동이 불쑥 재영이에게 상장을 주겠다고 했다.

"상장, 진재영, 양서초등학교 6학년 2반, 위 어린이는 착하고, 또 공룡 알 기사를 잘 썼으므로 이에 상장을 주어 칭찬합니다."

신동이 상장에 적힌 문구를 또박또박 읽은 다음 재영이에게 상장을 주었다. 재영이는 얼떨떨한 채 상장을 받았다. 얼굴이 발그레해지는 것이 느껴졌다. 진우와 찬식이 그리고 현주가 함박 웃으면서 손에 불이 나도록 손뼉을 쳐 주었다.

신동네 모둠 아이들, 특히 남자아이들은 재영이에게 못되게 군 것 같아 내내 마음에 걸렸었다. 재영이가 모둠을 옮긴 이유가 자

신들 탓이라고 생각했기 때문이었다. 하지만 불쑥 다가가 미안하다고 하기엔 좀 어색했다. 그러던 차에 선생님이 친구들에게 상장을 만들어 주라고 하자, 세 명의 이름으로 상장을 만들어 재영이에게 준 것이었다.

재영이는 친구들이 고마웠다. 찬식이는 재영이와 눈이 마주치자 쑥스럽다는 듯 웃으며 뒷머리를 긁적였다. 재영이는 친구들에게 받은 상장이 아주 소중하게 느껴졌다.

상장 수여식이 다 끝나자 선생님이 칠판에 이렇게 적었다.

난 (   )를 잘해.

"학기 초에 이거 적은 거 기억나지? 그때 '난 못해' 님 장례식을 치러 드렸으니까, 이번에는 '난 잘해' 님에게 상을 줄 차례야. 그동안 공룡 알 꾸미면서, 스스로 생각해도 난 참 잘했어, 라고 생각되는 부분이 분명 있을 텐데, 그걸 상으로 만들어 주자. 아주 사소한 거라도 괜찮아. 뭐든 잘했다고 생각되는 게 있으면 다 적

어라."

 아이들은 '난 못해' 님을 적을 때와는 달리 기분 좋게 '난 잘해' 님에 대해 생각하기 시작했다. 처음엔 나한테 잘하는 게 과연 있을까, 자신 없어 하던 아이들이 대부분이었다. 하지만 공룡 알을 꾸미면서 자신에게도 잘하는 것이 있다는 사실을 발견했다. 아이들은 신이 나서 자신의 장점을 상장에 적었다.

"다 적었니?"

"네!"

아이들은 하얀 도화지에 빼곡하게 '난 잘해'가 적힌 상장을 자랑스레 들어 보였다.

"그럼 '난 잘해 상'을 스스로에게 수여해라."

아이들은 즐거워하며 스스로에게 상장을 주었다.

"얘들아, 선생님 말 잘 들어라. 지금 너희가 받은 두 종류의 상, 그러니까 친구에게 받은 상장과 스스로에게 받은 상장, 이 두 개의 상장을 소중히 잘 간직해라. 그것이 바로 너희의 잠재력이고, 너희를 꿈으로 인도할 날개이니까. 알겠지?"

"네."

"모두 알다시피 새는 왼쪽과 오른쪽 두 개의 날개로 하늘을 날지. 지금 받은 두 개의 상장은 바로 너희의 날개다. 너희를 미래로, 꿈으로 훨훨 날아가게 해 줄 날개. 그러니 너희는 날개를 활짝 펴고 그저 앞으로 힘차게 날아가기만 하면 된단다."

"네!"

"우리 학기 초에 잠재력 테스트 했잖아? 거기에서, 그리고 이번 공룡 알 작업에서, 선생님은 너희가 품고 있는 보물이 무엇인지 발견했단다. 이제 2학기 공룡 알에서는 선생님이 너희의 보물을 하나씩 알려 줄 테니까 그 보물을 크게 키워 낼 차례구나. 너희 혹시 〈쥐라기 공원〉이라는 영화 본 적 있니?"

선생님의 질문에 고개를 끄덕이는 아이도 있고, 가로젓는 아이도 있었다.

"그래, 본 친구도 있고, 아직 보지 못한 친구도 있구나. 선생님이 참 인상 깊게 본 영화인데, 이 영화에서 공룡을 어떻게 복제하게 되었는지 아는 사람?"

아이들은 고개를 갸우뚱거리며 주위를 둘러보았다. 손드는 아이가 없었다.

"그 영화를 만든 감독이 스티븐 스필버그인데……."

"아, 알아요. 〈이티〉 만든 감독이죠?"

신동이 불쑥 끼어들었다.

"그래 맞다, 잘 알고 있구나. 그 스티븐 스필버그라는 감독은 참 기발한 아이디어로 영화를 만들어 많은 사람들에게 놀라움을 줬지. 〈쥐라기 공원〉에서도 공룡의 피를 빤 모기가 몇천만 년 동

안 호박 속에 있다가, 현대의 과학자가 그 호박 속 모기의 피에서 공룡의 DNA를 추출하여 복제에 성공한다는 설정이었어. 참으로 놀라운 상상력이지 않니? 그런데 알고 보면 그게 그렇게 기발한 생각은 아니야. 왜냐하면 우리 모두 그렇게 하고 있으니까. 우리에게 숨겨진 잠재력이 바로 DNA라고 할 수 있어. 호박 속 모기의 피에 공룡의 DNA가 들어 있으면 얼마나 들어 있겠니? 그런데 결국 그 DNA를 추출하여 거대한 공룡을 복제해 내고 말지."

아이들은 모두 숨을 죽이고 선생님 말씀에 귀를 기울였다.

"바로 그거란다. 우리의 잠재력도 그와 똑같은 거야. 우리에게 가능성이 모기 피 속에 있는 공룡의 DNA만큼만 들어 있다 해도, 우리는 그걸 추출하여 공룡처럼 거대하게 키워 낼 수 있다는 거지. 세상에 태어난 모든 사람들은 다 그렇게 할 수 있단다. 왜냐하면 그렇게 하라고 세상에 태어난 거니까. 상상해 봐라. 자신의 눈에는 보이지도 않는 아주 미미한 잠재력이 마침내 공룡처럼 커다래진다는 것을."

반 아이들은 그 순간 자신의 가슴 속에 거대한 공룡 한 마리가 들어 있음을 느낄 수 있었다.

"지금 이 시간은 인생에 딱 한 번뿐이다. 한번 지나가면 다시는 오지 않는단다. 너희는 지금 마지막 어린 시절을 보내고 있어. 내년이면 중학생이 될 테니까. 너희가 어떤 어른이 될지는 오로지 너희의 선택에 달려 있다. 애들아, 너희가 가진 두 날개로 거침없이 너희의 꿈을 향해 힘찬 날갯짓을 해 다오."

아이들은 선생님 말씀을 가슴 깊이 새겨들었다.

재영이는 남은 마지막 6학년이 더없이 소중하게 여겨졌다. 자신이 무엇을 해야 할지, 무엇을 잘하는지, 또 무엇을 해야 행복할지 비로소 찾아냈다고 생각했다. 이제는 그 잠재력을 공룡처럼 거대하게 키워 낼 차례였다.

재영이는 집 앞에서 지팡이를 짚고 서 있는 할머니를 보았다.

"할머니!"

재영이는 놀라서 할머니에게 달려갔다.

"할머니, 어떻게 된 일이에요?"

할머니는 재영이를 보고 씽긋 웃었다. 재영이는 할머니가 어떻게 집 밖으로 걸어 나올 수 있었는지 궁금했다. 할머니 주위에는 휠체어가 보이지 않았다.

"그동안 재영이가 할미 안마를 열심히 해 준 덕분에 이렇게 다시 걸을 수 있게 되었구나."

"예? 정말이에요? 할머니, 정말 다시 걸을 수 있어요?"

"그럼, 봐라, 어떠냐?"

할머니는 지팡이를 짚고 천천히 한 발짝을 뗐다. 재영이는 할머니가 넘어질 것 같아서 부축하려고 했다.

"괜찮다, 혼자 할 수 있어."

"할머니!"

"그동안 걸음 연습을 좀 했단다. 이게 얼마 만에 다시 걷는 건지 모르겠구나. 내 두 발로 걷는 게 이렇게 행복한 일인지 새삼 알게 됐구나. 호호호. 재영아, 고맙다. 네 덕분에 이렇게 다시 걸을 수 있게 되어서."

할머니가 배시시 웃었다. 재영이는 할머니를 마주 보고 웃다가 깜짝 놀랐다. 할머니의 얼굴이 햇볕에 까맣게 그을린 것이다. 재영이는 할머니가 이 더운 여름에 걸음 연습을 얼마나 했는지를 알 수 있었다. 그리고 종종 할머니 몸 여기저기에서 발견되던 상처들, 그건 할머니가 넘어지면서도 걸음 연습을 포기하지 않았다는 증거였다.

"아니에요, 할머니. 우리 담임 선생님이 그러셨는데요, 꼭 그렇게 되기를 원하면 그걸 이룰 수 있는 힘이 자기 안에서 나오는 거래요. 그러니까 할머니는 할머니의 힘 덕분에 걸으실 수 있게 된 거예요."

재영이는 할머니의 팔짱을 끼고 집으로 돌아오면서 결심했다. 자신도 할머니처럼 원하는 것을 얻기 위해 더 열심히 노력해야겠다고, 절대 포기하지 않겠다고 말이다.

그러자 재영이의 가슴속에서 어떤 기운이 꿈틀거리는 게 느껴졌다. 호리병 속에서 쿨쿨 잠자던 재영이의 지니였다. 재영이를 훌륭한 어른으로 만들어 주고, 멋지고 아름다운 꿈을 이루게 해 주기 위해서 지니가 마침내 깨어나서 활짝 기지개를 켜고 있었다.

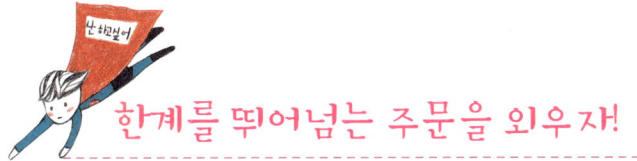
한계를 뛰어넘는 주문을 외우자!

　몸길이가 고작 3mm에 불과한 벼룩은 무려 33cm나 뛰어오른다. 제 키의 110배나 높게 뛰어오르는 것이다. 사람의 키로 계산해 보면 키가 160cm인 사람이 176m를 뛰어오르는 것이 된다. 즉, 1층에서 단번에 40층 높이로 점프하는 셈이다.

　이런 벼룩을 잡아다 통 속에 넣고 뚜껑을 닫아 버리면 어떻게 될까? 처음엔 통, 통, 하고 뚜껑에 벼룩이 부딪히는 소리가 들린다. 그러다 잠잠해진다. 며칠 뒤 뚜껑을 열어 놓으면 높이뛰기 선수인 벼룩은 통 안에서만 폴짝폴짝 뛰어다닌다. 그사이 자신이 몸 길이의 110배나 넘게 뛴다는 사실을 까맣게 잊고 만 것이다.

　아무리 훌륭한 잠재력이 있다 해도 한계를 지어 놓으면 절대로 발전할 수 없다. 항상 한계를 뛰어넘는 주문을 외우자!

　　"난 할 수 있어!"

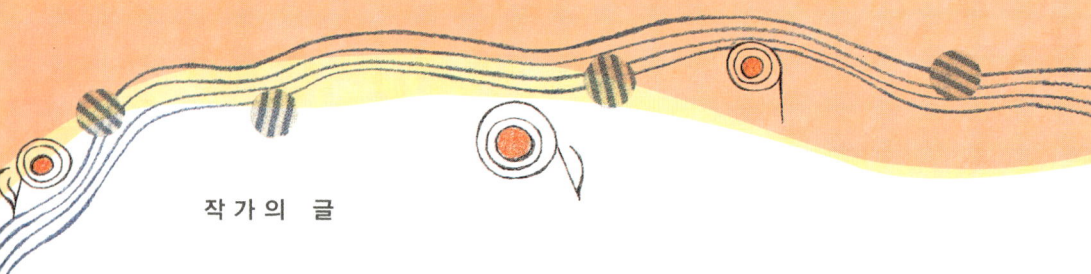

작 가 의 글

나의 잠재력과 가장 친한 친구가 되세요!

모든 아이는 천재로 태어납니다. 하지만 대부분의 아이는 평범한 어른으로 자랍니다. 천재(天才)의 사전상 의미는 태어날 때부터 갖춘 뛰어난 재주, 또는 그런 재주를 가진 사람입니다. 만약 모든 아이가 천재로 태어나는 것이 사실이라면 왜 누구는 천재로 어른이 되고, 누구는 평범한 어른이 되는 걸까요?

가만히 보면 천재로 어른이 된 사람은 가지고 태어난 재주를 잘 살려서 그 일을 즐기면서 하고 있고, 반면에 평범한 어른으로 자란 사람은 자신의 재주를 발견하지 못하거나 발견했더라도 제대로 키워 내지 못했음을 알 수 있습니다. 간혹 내 것보다 커 보이는 남의 떡(성공)에 홀려 잘못된 노력을 하는 경우도 있지요. 사람마다 가지고 태어나는 뛰어난 재주는 다 다른데 말이에요.

그렇다면 내가 가지고 태어난 재주가 무엇인지는 어떻게 알아낼 수 있을까요?

그 재주를 알아내기 위해서는 노력이 필요합니다. 그 재주는 아주 귀중하기 때문에 내 안 어딘가에 꼭꼭 숨어 있습니다. 숨어 있는 재

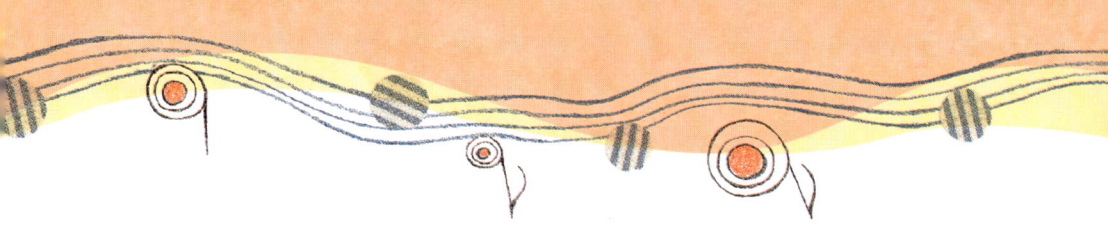

주, 그것을 잠재력이라고 하는데, 그 잠재력을 찾아내고 이끌어 내는 일이 보통 힘든 게 아닙니다.

　숨은 재능을 찾기 위해서는 이것저것 다 해 봐야 합니다. 방정식도 풀고, 축구도 하고, 피아노도 치고, 요리도 하고……. 컴퓨터도 분해해 보고, 외계인과 대화도 해 보고, 방학 내내 방바닥에 누워 빈둥거려도 보고, 도서관의 책들을 'ㄱ'부터 'ㅎ'까지 모두 읽어도 보고……. 이 세상에서 해 볼 수 있는 일은 다 해 보는 겁니다.

　마침내 잠재력을 찾았다면 그때부터는 그와 가장 친한 친구가 되세요. 지겨울 정도로 딱 붙어 다녀서 그 친구가 나인지 내가 그 친구인지 헷갈릴 정도로요. 그러면 천재로 자라날 수 있지요.

　재능을 가진 사람일수록 노력합니다. 겨자씨만 한 잠재력을 태산처럼 커다랗게 키워 내는 것, 그것이 바로 천재로 태어나 천재로 어른이 되는 방법입니다.

　이제 우리가 천재로 자랄 차례입니다.

　자, 내 안에서 잠자는 재능, 숨어 있는 힘을 깨우러 함께 떠나 볼까요?

봄을 맞이하며 홍은경

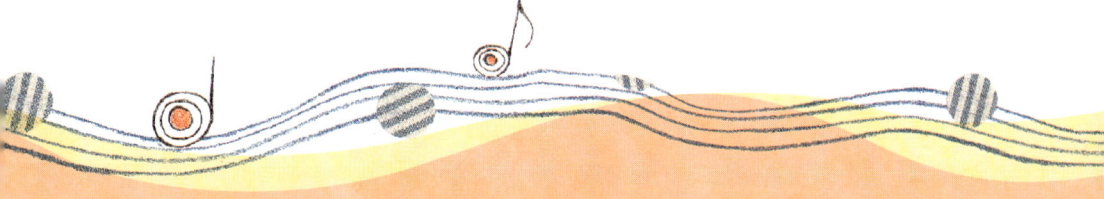

어린이 자기계발동화 24
어린이를 위한 **잠재력**

초판 1쇄 발행 2011년 2월 21일   초판 12쇄 발행 2020년 6월 30일

글 홍은경   그림 박지혜

펴낸이 연준혁
편집 1본부 본부장 배민수
편집 5부서 부서장 김문주
디자인 마루·한

펴낸곳 ㈜위즈덤하우스 **출판등록** 2000년 5월 23일 제13-1071호
제조국 대한민국 **주소** 경기도 고양시 일산동구 정발산로 43-20 센트럴프라자 6층
전화 031)936-4000 **팩스** 031)903-3893 **홈페이지** www.wisdomhouse.co.kr

ⓒ홍은경, 2011
ISBN 978-89-6086-431-3 74800
ISBN 978-89-6086-081-0 (세트)

- 이 책의 전부 또는 일부 내용을 재사용하려면 반드시 사전에 저작권자와
  ㈜위즈덤하우스의 동의를 받아야 합니다.
- 인쇄·제작 및 유통상의 파본 도서는 구입하신 서점에서 바꿔드립니다.
- 책값은 뒤표지에 있습니다.
- 이 책의 사용 연령은 8~13세입니다.

> 이 도서의 국립중앙도서관 출판예정도서목록(CIP)은 서지정보유통지원시스템
> 홈페이지(http://seoji.nl.go.kr)와 국가자료종합목록시스템(http://www.nl.go.kr/
> kolisnet)에서 이용하실 수 있습니다. (CIP제어번호: 2011000492)